幸福不是百分百

八分滿的幸福學

幸福是一種心境，不以物質來衡量

它是付出、分享和愛的感受。

「八分」生活哲學是一種哲學和藝術，它代表的是一種豁達和淡然，讓你在慾望和現實中找到平衡，收獲快樂的幸福人生。

前言 Foreword

對一個健康的人來說，心臟每零點八秒跳動一次是正常的，這表示人體內血液等各組織循環處於最佳狀態。在工作中不能太過勞累，按照8：2進行分配才是最佳的，因為我們需要留出兩分的空間來進行自己的生活，這樣有益於緩解工作中的各種壓力。不僅工作如此，生活中亦是如此，通常在很小的時候，長輩就告訴我們，飯不能吃得太飽，八分就夠了，也是這個道理。至於「八分」究竟說的是什麼，其實就是我們在做任何事情時所投入的比例關係，八分才是最合適的。

現在的很多醫生都比較推崇「八分」原理，這是因為生活中的我們時常會感到疲憊，很多時候都無法提起精神來，就好像整個身體被掏空一樣。之所以會出現這樣的狀況，就是因為我們平常付出得太滿，沒有給自己留下喘息的機會，所以身體的各個機能才會出現這種狀況。如果這種現狀得不到改善，就會影響到人的身體健康。對生活在現代都市的人來說，更應該明白這個道理，所謂「水滿則溢，弦緊易斷」，如果一味地要求自己滿打滿算，而不給自己留下一些緩衝的空間，那麼我們很可能在壓力面前付出失去健康的代價。生活需要適當的緩衝，只有緩衝，才能讓一個人的各個方面都處於最佳狀態。所以，對我們來說，「八分」哲學是生活中必不可少的一種處事方式。所謂「八分」哲學，就是我們不要刻意去追求完美，為此而付出超過本身負荷的力量，而應該學會讓自己放鬆，用平和的心態度過每一天。

事實上，如果我們過於追求「完美」，那麼我們的內心深處就會無形中豎起一面高牆，從而阻擋你前進的道路。很多人為了實現自己的目標，把生活安排得滿滿當當的，通常是不停地在工作，彷彿他的眼裡除了工作就是工作，雙手和雙腳始終不願意停下來休息片刻。即使特別勞累的時候，也咬緊牙關堅持著。難道這樣的生活方式好嗎？其實不然，我們應該學會放鬆，給自己的身體一個休整的過程。人腦不可能永遠保持一個狀態，相反那些永遠只保持一個狀態的人，是很難獲得成功的突破點的，因為他們被限制在一個格局裡，很難擁有靈光一現的時刻。所以我們應該學習「八分」哲學所提倡的現代生活理念。

生活在這個時代的人，時刻保持高度緊張的狀態，所以變得忙碌和疲憊，這個時候更需要「八分」生活哲學，這是因為它會給每一個人留下應有的空間，讓人迴旋，在疲憊過後養足精神，而這些將是再次起步的本錢。只要我們把身心調節好，把更多的力量積蓄起來，就可以接受新的挑戰，擁有新的生活。

這本書不僅從多個角度進行分析，更重要的是結合古今中外的經典事例進行分析和探討，力圖做到全面，並且向每一個讀者闡述了「八分」生活哲學的精髓，讓更多的人明白這種現代化的生活方式。另外，本書中還列舉了生活中經常會遇到的各種實際問題，並且提供了詳盡而透徹的解決方法，所以本書讓每一個讀者在理解豐富生活哲理的同時，又解決了生活中遇到的一些難題，大大提高了實用價值。

本書分為四章，教你如何「在捨得中、在口才藝術中、在社交處世中、在職場戀愛中……恰到好處地使用「八分」哲學。這是一本能夠改變一個人人生觀的經典書籍，讀過本書，你將會更加懂得如何處理生活中的各種問題，也將更加明白職場中為人處世的基本原則。

如果現在的你正被生活中的一些瑣事所困擾，一時難以釋懷，可以試著讀讀這本書，它會令你放下煩惱，敞開心懷。當你再去做任何事情的時候，就會用「八分」熱情去面對，而將剩餘的「兩分」留給自己，這才是屬於你的生活。那麼，現在就拿起這本書，快樂地享受吧！

Chapter 1

捨得中運用八分哲學：學會選擇，人生其實不需要太多

Chapter 2

口才藝術中運用八分哲學：話忌說滿，八分更有感染力

Chapter 3

社交中運用八分哲學：放人一馬，忍讓二分的人不是懦夫

Chapter 4

職場中運用八分哲學：工作八分剛剛好，留下二分給休閒

Chapter 1

捨得中運用八分哲學：學會選擇，人生其實不需要太多

不要害怕「失落一粒紐扣」

現代人的生活節奏越來越快，來自工作上的壓力也越來越大，為了不被時代的洪流所淹沒、淘汰，很多人開始過分地追求完美、追求極致。可是物極必反，弦緊必斷。如果一個人的身心長期處於這種「高壓狀態」而不會釋放，就會漸漸地感到體力透支，精神疲憊。於是在我們身邊，總會有人發出這樣的感歎：「人活著真是太累啦！」「不知道生活是為了什麼？」

其實，人之所以會感覺到累，是因為身心一直處於緊繃的狀態，由於太拘泥於「極致」和「完美」，在不知不覺中便給自己戴上了一副枷鎖。這時，你需要給自己留下一些舒緩的空間，讓身體和心靈得到適當的休息與恢復，只有這樣才能夠積蓄更多的力量，更好地釋放生命的能量。這便是現代諸多專家學者所提倡的「八分哲學」——它是一種「凡事不求完美，但求八分好」的生活態度；它讓我們學會以平常心去對待周圍的一切事物，不去追求過激過度的生活，只要舒緩適度就可以。

傳統的觀念認為，一個人做事情的時候，務必要「全力以赴」「盡善盡美」。但現實卻告訴我們，就算全力以赴也未必能夠做到盡善盡美，更何況人心是永遠無法滿足的。如何運用「八分哲學」去讀懂生活中的得與失，這才是人生的智慧所在！

在人的一生中，得與失是難以界定的，有時候得失就在一瞬間。有人曾經說過：「如果你不懂得悲傷，你就不曾真正快樂過。」得與失的關係正是這樣：當你擁有青春的時候，卻失去了無憂無慮的童年；當你進入多姿多彩的社會，學會了左右逢源時，卻失去了原有的純真和坦蕩；當你開始享受高品味的都市生活時，卻失去了田園生活的幽靜……人生就是如此，失中有得，得中有失，人們在得失之間，度過了自己的一生；又或者，得與失原本就是和諧而有韻律的，有小失才能有大得，有局部之失，才能有整體之得。

小雅是一個長相平凡的女孩子，在美女如雲的公司裡，她從來不被人關注。就在上個月，小雅給自己買了一件新衣服，她喜歡那件衣服上的蕾絲鑲邊和別緻的紐扣，雖然貴了點，可是她覺得很值得。穿上新衣服的小雅顯得光彩照人，走進公司，給人眼睛一亮的感覺。看著別人驚豔的眼神，小雅的心中充滿了自信，不僅人變得開朗了，工作上也有了長足的進步。

可是有一天，小雅發現衣服上的紐扣掉了一粒。那是一種形狀很別緻的紐扣，她將衣櫃翻了個底朝天也沒有找到，最後只能匆忙地換了一件衣服去上班。到了公司，小雅覺得所有人的目光都是怪怪的，看來自己沒有了那件衣服，仍然是一個平凡甚至醜陋的女孩。

小雅就像丟掉水晶鞋的灰姑娘一樣，又恢復了從前的自卑。她一整天工作都打不起精神來，頭腦中總是想著那件衣服。好不容易熬到下班回家，她又把家裡的每個角落找了一遍，可是仍然不見那粒紐扣的下落。她頹然地坐在沙發上，心中突然閃過一個念頭：為什麼不去商店看看？也許商店裡有同樣的紐扣呢？小雅興奮地衝出家門，可是幾乎跑遍了大街小巷所有的商店，都沒有找到同樣別緻的紐扣，這時，她的心情暗淡到了極點。

再次回到家裡，小雅十分不捨地將那件衣服掛在了衣櫃的角落，她覺得自己就像那件衣服一樣，註定了被人冷落的命運。從此小雅變得沉默寡言，工作也越來越消極。

直到後來有一天，一位朋友來小雅家做客，偶然間看到了那件衣服，便十分驚訝地問小雅：「這麼漂亮的衣服你怎麼不穿呢？」

小雅只能尷尬地微笑：「你看，衣服上的紐扣丟了一粒，又買不到同樣的。」朋友哈哈大笑起來：「那你可以把其他的紐扣都換了啊！那不就一樣了嗎？」

小雅高興地拍了拍自己的腦袋：「唉，真笨，我怎麼沒想到呢？」於是小雅去街上買了自己最喜歡的紐扣，把其他的紐扣都換了。看著那件衣服又美麗如初，小雅也重新拾回了起初燦爛的心情。

我們都明白「有所失，必有所得」的道理，可是生活中的得與失，又有幾個人能夠真正地看透呢？就像上面案例中的小雅，因為失落了一粒紐扣而放棄了美麗的衣服，因為一件不如意的小事而放棄了美好的心情，這是多麼得不償失的事情啊！

金無足赤，人無完人。在人的一生中，能有八分的成功，八分的收穫，就已經是相當不錯了，豈能樣樣都做到十足的滿意？一個人不應該片面地追求完美，而應該懂得適時地放棄，更不要害怕「失落一粒紐扣」，因為它可能是另一種生活、另一種理想的開始。可是，對於生活中失落的「紐扣」，我們又應該以怎樣的心態去面對，去接受呢？

1 面對失去，我們不應該感到迷茫

每個人都有失去重要東西的經歷，但對其所持的心態卻截然不同，有的人可能會坦然一笑，而有的人則可能懊悔許久，甚至為此感到迷茫。如果我們因為失去某種東西而感到迷茫，就會在人生的道路上停滯不前，整天渾渾噩噩，從而失去生活的重心。這時，我們應該讓自己清醒過來，坦然地面對失去，並且更加明確自己的人生方向——自己想要的是什麼，自己追求的是什麼。

2面對失去，我們不要輕易地發出抱怨

有一位智者曾經說過：「抱怨是這個世界上最沒有價值的語言。」所以，當我們不得不面對失去的時候，也不要輕易地發出抱怨。哪怕失去的東西讓我們的生活支離破碎，哪怕失去的東西再也找不回來，我們也不要為過去哭泣。我們應該學會接受既成的事實，不管得與失，都要讓自己立於不敗之地。

3面對失去，不要沉湎於已不存在的東西

對於某些人來說，每一次失去都可能在他的心裡留下陰影，有時甚至為此感到痛不欲生。究其原因，主要是我們沒有從心理上承認失去，而久久沉湎於已不存在的東西。正所謂「舊的不去新的不來」。與其為失去的東西感到懊悔，不如重新振作起來，去創造全新的開始。

4面對失去，我們更應該自信自強

唐代詩人李白曾有詩云：「天生我材必有用，千金散盡還復來。」南宋詩人陸游也曾題：「山窮水複疑無路，柳暗花明又一村。」從古到今，許多有志之士在面對失去，或者身處困境的時候，都能夠通過努力自強活出卓越的人生。因此，當我們遭遇失敗、陷入困境時，應該有李太白那樣的自信；當我們錯失良機，前途茫然時，應該有重新開創新局面的決心。面對失去，我們更應該自信自強，只有這樣才可能失一得百。

5面對失去，讓我們揚起理想的風帆

說到失去，蘇聯作家奧斯特洛夫斯基，可能算得上失去最多的人。可是面對種種磨難，他始終沒有放棄為人類的解放事業而奮鬥的崇高理想。即使雙目失明，全身不能動彈，他仍然以頑強的毅力，創作完成了《鋼鐵是怎樣煉成的》等小說，並且贏得了世人的廣泛稱讚和捧讀。因此，當我們面對失去，更應該揚起理想的風帆，大步向前。因為在暴風雨過後，彩虹將更加絢麗多彩。

不需要過多地粉飾自己，生活其實很簡單

在人生的舞臺上，沒有太多的華麗和浮躁，有的只是一些簡單實際的東西。面對生活，我們不需要過多地粉飾自己，而應該刪繁就簡，以「八分」的心態去迎接一切風雨飄搖。何必讓自己那麼操勞疲憊呢？生活原本就很簡單，我們何必為一些不切實際的事情而躊躇不前。感覺渴了，夢想就是甘甜的雨露；感覺餓了，信仰就是爽口的果實。即使面對失敗，我們也不必感到失望與落寞，因為在簡單的生活裡面，沒有絕對的成功與失敗。有人說：「生活就像一杯簡單的白開水，我們可以根據自己的喜好，調製出不同的人生滋味。」於是，在我們的身邊，總會有一些人習慣地發出抱怨，他們認為生活太複雜了，很多事情纏繞在一起，讓自己感覺混亂、疲憊，為什麼會這樣呢？其實，有的人之所以會抱怨生活複雜，會感覺自己活得很累，歸根結底都是因為自己把生

活想像得太完美，對生活的期望太高了。生活就像一杯簡單的白開水，為什麼要給它調製出複雜而耀眼的色彩呢？與其時刻抱怨生活太過複雜，沒有你想像中的那麼完美，不如降低你心中的標準，以「八分」的心態擁抱簡單的生活。

這個世界本來就是複雜多變的，當我們面對金錢與權力的誘惑時，難免會在心中生出一些不安分的情緒，這些都是可以理解的。可是，一個人如果因為得不到這些身外之物而感到鬱鬱寡歡，甚至無心生活，那就有點得不償失了。即使面對這個複雜的世界，我們也應該端正自己的心態，刪繁就簡，將一些多餘的東西丟掉，這樣我們的生活就會變得簡單而深邃了。簡單的生活是一種積極而有意義的心態，只要我們對生活沒有太高的期望，不去追求那些所謂的「完美」，那麼我們就能拋開一切繁雜的心理，愉快地接受「八分」好的生活了。

只要我們的心靈是簡單的，這個世界就會以簡單的姿態出現在我們面前，因此，如果自己現在還沒有能力去實現心中的理想生活，那麼不妨將「十分」的期望降到「八分」，同時盡可能地把生活想得簡單一些，從身邊的小事做起，而不是總把自己當成一個不平凡的人物看待——世界上哪有這麼多不平凡的人物？其實只要我們能夠將身邊的瑣事做好，我們同樣是成功的，同樣會受到別人很高的評價，哪怕我們只是再平凡不過的人。

從前有一位小公主，她的相貌極其平凡，根本無法和她的姐妹們相比。為此，國王和皇后都不喜歡她，讓她一個人生活在一座城堡裡。她自己也很自卑，從小到大都不快樂。

有一天，小公主追趕著一隻蝴蝶，來到了一座神奇的花園。她十分驚訝地發現，花園裡的花草樹木都枯萎了，顯得荒涼而寂寞。這時，一位天使向她走來，並且微笑著將她抱在懷裡。小公主並不感到害怕，她問天使：「花園裡的花草樹木怎麼都枯萎了？」

天使微笑著回答：「這座花園裡原本生長著各種花草樹木，後來上帝讓它們有了自己的思想，於是橡樹覺得自己沒有松樹那樣高大挺拔的身軀，因此感覺自卑，鬱鬱寡歡而死；松樹又覺得自己不能像葡萄那樣結出一串串果實，最後因為太嫉妒而死去；可是葡萄呢？它又覺得自己每天只能攀爬在架子上，不能像牽牛花那樣開出美麗的花朵，最後也死了……」

「那麼牽牛花呢？怎麼花園裡也沒有牽牛花的影子啊？」小公主露出憂傷的表情，這樣問天使。

「牽牛花也枯萎了，因為它歎息自己沒有茉莉花那樣清香……其餘的花草樹木也因為自己的平凡而奄奄一息，過不了多久，它們也都枯萎了。」

這時，小公主在花園的一個角落裡發現，有一株安心草正靜靜地生長著，顯得異常茁壯。她仰起頭來問天使：「為什麼別的植物都枯萎了，這株小草卻這麼頑強地生活著？」

天使低下頭來，看了看這株平凡而渺小的安心草，對小公主說：「因為它從來不羨慕其他植物，只想做好自己，哪怕只是一株毫不起眼的小草。」天使的話剛說完，整個花園裡發生了天翻地覆的變化，各種植物都恢復了原來的生機，而角落裡的安心草長出了好大一片，並且開出了美麗的花朵……

小公主看著這一幕，臉上不由得露出了微笑。這一刻，她仍然是平凡的，可是笑容卻異常迷人。

生活其實很簡單，如果你對生活太過期望，只會給你的人生帶來痛苦而已。還不如安心地做好自己，在平凡的生活中做出一些不平凡的事情。這樣不過於勉強自己，不為了追逐金錢、名利和不切實際的情感而倍感煎熬，自然會活得輕鬆而美好。

這個世界本來就是繁雜多變的，那麼，我們應該如何運用八分哲學，讓自己的生活變得簡單而美好呢？

1遠離攀比心理

心理學家認為，攀比和嫉妒是一種弱小心理。有這種心理的人，凡事都喜歡與別人比較，如果感覺自己某些方面不如他人，就沒法滿足。所以，在這種心理的左右下，人們最易滋生貪婪心理，從而讓心中充滿各種各樣的慾望。

2剔除你的虛榮心

具有虛榮心理的人，總是喜歡利用一些外在的東西，來掩飾自己內心的空虛與無助。他們常常打腫臉充胖子，為了自己的「面子」，做一些力所不及的事情。如有的女孩子，為了購買名牌手飾、服裝、化妝品，常常無休止地刷卡消費，為了滿足自己的虛榮心，而使自己成為「卡奴」一族。如果不剔除這種虛榮心，那麼你的生活只會像信用卡一樣越來越「透支」。

3凡事知足

很多人之所以經受不住誘惑，是因為總是不滿足現狀，有了財富希望獲得權力，有了權力便希望獲得美色。

由於對當前生活總是不知足，就易跌入誘惑的陷阱。就如那些貪污腐敗的官員，如果他們對目前穩定安逸的生活，內心感到滿足，充滿感恩，對擁有一個貼心的老婆感到幸福，怎麼還會承擔「掉腦袋」的風險去搜刮錢財、包養「二奶」呢？所以，人應該學會知足常樂。

4學會克制內心的慾望

如果一個人能克制私慾，在面對那些不合理的誘惑時，能夠懂得自律自省，有所節制，就能抵制誘惑。反之，如果一個人在面對那些不合理的誘惑時，不懂得自律自省和有所節制，就必然成為它的奴隸。因而，如果一個人要抵制誘惑，最好的辦法是遠離誘惑，如平時少去網上商城，就能減少購物機率。同時，如果一個人出門時不帶信用卡或提款卡，只帶少量的現金，就能控制自己的購買慾望。

5讓自己看得更遠一些

人會被眼前的誘惑所蒙蔽，是由於站得不夠高，看得不夠遠。放大自己的眼界，眼前這些蠅頭小利的誘惑又算什麼。虛榮心也是如此。虛榮心太強的人，也易失去理性，一見到別人吃得好、穿得好、用得好，心理就開始不平衡。可見，無論攀比心理還是虛榮心，都是一種弱勢心理。

生活其實很簡單，為什麼要過多地粉飾自己呢？一個懂得八分滿的人，絕不會為了追求完美而讓自己疲憊不堪，也不會對生活太過期望。試想一下，天空有日月星辰供我們觀賞，地上有花鳥魚蟲與我們做伴，東西南北有無數條道路任我們馳騁……我們需要做的，僅僅是在落寞的時候讓自己停下腳步，在繁忙的時光中留下一些閒暇，去享受每一個單純而美好的日子。

不做無謂的堅持，要學會轉彎

人生有起有落，有得有失，不同的人擁有不同的人生觀。有人認為，堅持自己的理想，付出百分之百的努力，就一定會獲得成功；也有人認為，不必每件事情都強求做到盡善盡美，只要使出八分的力氣就可以了——剩下的二分，就當作自己迴旋的餘地和養精蓄銳的本錢，這樣才能避免自己被完全「掏空」。這兩種截然不同的人生觀，完全可以用一句話來概括，那就是「放棄不該放棄的是無能，堅持不該堅持的是無知」。不堅持的確不能成功，可是堅持了就一定會成功嗎？恐怕問題的關鍵還在於客觀條件是否允許。

美麗的馬嘉魚生活在大海深處，它們長著一雙大大的眼睛、銀白色的皮膚以及飄逸的燕尾。平時，馬嘉魚在深海中游弋、捕食，只有到了春夏之交，才溯流而上，隨著海潮游到淺海處產卵。當地的漁民就趁這個時機捕捉馬嘉魚，他們找來一個孔眼不算細密的網子，在網子的下端繫上鐵塊，將網子的上端繫在兩隻小艇上，然後將網子放入水中，以此來攔截魚群。這樣的捕魚方法確實很一般，因為網子只有一面，其他三面都敞開著，孔眼又那麼粗疏，漁民們能夠成功地捕到馬嘉魚嗎？答案是肯定的。當漁民將捕獲的馬嘉魚一船一船地拖回港口，這時你的心裡一定很疑惑，那樣的捕魚方式為什麼能夠成功呢？原來，馬嘉魚是一種「脾氣」十分倔強的魚類，它們在大海中游弋的時候，就算遇到前方有所阻攔，也絕對不會轉彎，而是受到的阻攔越大，就越往前衝。就這樣，一條條「脾氣」倔強的馬嘉魚，不斷地陷入網孔之中，由於網孔越縮越緊，馬嘉魚被激怒了，一個勁地向前衝，最後被網孔死死地卡住，再也掙脫不掉了。

其實，馬嘉魚就像我們人生的鏡子，生活中有很多人都信奉「一旦確定目標就要不怕困難，一定要勇往直前」的信條，還有的人因循守舊、不思改變，即便是撞了南牆也不知道回頭。這種無謂的堅持，不是和馬嘉魚很像嗎？

當人生的道路越走越窄，甚至看不到成功希望的時候，我們不一定非要像馬嘉魚那樣做無謂的堅持，這個時候如果能夠冷靜下來，調整一下目標，改變一下思路，往往會柳暗花明，豁然開朗。也許，當我們遭遇不幸的時候，不是已經走到了路的盡頭，而是應該勇敢地轉彎了。

在很多人眼裡，克里斯朵夫‧李維，絕對算得上一個傳奇人物。他曾經因為一部電影《超人》，而成為眾多影迷心目中的超級偶像。可是就在他的事業快要達到頂峰的時候，一場突如其來的車禍，改變了他的命運。他永遠記得那一天，當他從重度昏迷的狀態中甦醒過來，發現自己的雙腿已經不見了。他知道，今後自己只能在輪椅上生活了。那一刻，他感到了絕望，面對傷心的家人，他流著淚說的第一句是：「讓我早點離開這個世界吧。」

從醫院回到家裡之後，克里斯朵夫‧李維整日鬱鬱寡歡，家人看見他這種狀態，心中充滿了擔憂。為了平復他身體以及心靈上的創傷，家人決定開車帶著輪椅上的他外出旅行。他們的小車在崎嶇蜿蜒的公路上緩慢前行，車窗外是洛磯山脈純淨湛藍的天空。克里斯朵夫・李維在這樣的景色中感覺到了一絲平靜，他將目光投向了公路的盡頭——他原以為前方已經無路可走，可是每次到了路的盡頭，都會出現一塊交通指示牌，上面清楚明白地寫著：「前方請轉彎！」就是這幾個大字，在他的眼中煥發出了光彩，也照進了他的心靈。車子還在不斷前行，每次拐過一個彎道，都會出現另一片柳暗花明的風景。克里斯朵夫・李維感到了前所未有的希望，他緊握著妻子的手，大聲說道：「我要回去，我還有路要走。」

從那以後，克里斯朵夫・李維以輪椅代步，開始了自己的導演生涯。由他執導的第一部影片，一推出就獲得了金球獎的肯定。他還克服自身的困難，咬緊牙關堅持寫作，不久新書便橫空出世，席捲各大暢銷書排行榜。與此同時，他還募集各方善款，創立了一所癱瘓病人教育資源中心，並且被選舉為全身癱瘓協會理事長。當然，他做過的事情還有很多，如舉辦自己的個人演唱會、為公益事業籌募善款、四處旅行等。

克里斯朵夫・李維的故事打動了很多人，尤其當人們感到灰心絕望的時候，總會想起他說過的一句話：「也許，當我們遭遇不幸的時候，不是已經走到了路的盡頭，而是應該勇敢地轉彎了。」

的確，人生的道路不可能一直都風平浪靜，前方總有會崎嶇、坎坷，甚至是絕境，只有具備「轉彎」的智慧，我們才能夠在風雲莫測的人生道路上，一直順暢地走下去，而不被阻擋在半路。這種「轉彎」並不是逃避，而是為了尋找更好的道路。正所謂「天生我材必有用」「東方不亮西方亮」，一個人失敗並不可怕，可怕的是因循守舊地繼續失敗，而不懂得調整一下目標，改變一下思路。

那麼，到底在什麼情況下我們應該堅持，在什麼情況下我們應該學會轉彎呢？

1成功遙遙無期的時候，應該學會轉彎

每個人都渴望成功，可是通往成功的道路總是千迴百轉。在我們的日常生活中，總會有些事情，即使經過百般的努力，離成功也還是遙遙無期。這時候，我們就應該學會轉彎，因為這條道路也許並不適合我們，繼續走下去只會給我們帶來慘痛的失敗，不妨換一個目標，換一種思維方式，或許這樣我們就會在全新的道路上春風得意。

2無法打動別人的時候，應該學會轉彎

在感情的世界裡，並不是所有的堅持都有回報的。當你很努力地想要打動別人，可是仍然不能使他動情的時候，不妨讓自己的感情「轉彎」吧！把你綿綿的情思，深深地藏在心底。因為無謂的堅持只會給你帶來傷感，甚至讓你傷痕累累。在無法打動別人的時候，學會轉彎，也許幸福就在下個路口等你。

3得到意外便宜的時候，應該學會轉彎

有的人認為，有便宜不占那是傻瓜，可是我們也不要忘了，「天上不會隨便掉下錢來」。如果我們在不經意中得到一個意外的便宜，在我們沾沾自喜之後，一定要學會轉彎。因為在便宜的背後，往往潛藏著陰毒的殺氣，會使我們跌進低谷，以至於遍體鱗傷。所以有一句古話說得很好：「勢不可使盡，福不

可享盡，便宜不可占盡，聰明不可用盡。」

4成功到達頂峰的時候，應該學會轉彎

如果你的成功已經到達頂峰，那麼你更應該學會轉彎。只有放棄現今的成就，才能給世人留下輝煌的記憶；只有從成功的頂峰走下來，才能攀登人生的更高峰。

在人生的道路上，我們有權利選擇自己的方向，也有權利選擇自己的理想，但是對於未來的遭遇卻是無法選擇的，也是無法預料的。當不幸降臨的時候，也許並不是路已經到了盡頭，而是在提醒你：「該轉彎了！」學會轉彎，才會擁有一份成熟，才會活得更加充實、坦然和輕鬆。

給自己留一些空間，讓自己走得更遠

生活中，有很多人在做一件事情之前，總是習慣性地給自己訂一個目標。雖說有目標是好事情，可是如果目標訂得過高，以致於根本無法實現，那麼就會使自己陷入自責與焦慮的漩渦，無法自拔。其實，我們只要讓自己看到每一天的進步——哪怕只是一點點的進步，也會感到無比喜悅與充實。為什麼非要給自己帶上一副沉重的枷鎖，讓自己在焦慮中舉步維艱呢？

有一句古話叫：「欲速則不達」，很多人都知道，也明白其中的道理，可是又有幾個人能夠真正做到呢？在我們周圍，總不乏這樣一些人：他們為了自己的「宏偉目標」，而不知疲倦地努力著，就像一隻不停旋轉的陀螺一樣，可是他們卻忘了，用百米的速度去跑馬拉松，是永遠無法到達終點的。

很多時候，我們總想把一件事情盡全力做得最好，可是最後的結果，往往事與願違。這時候，我們就應該停下腳步，好好地思考一下：做成這件事情我們得到了什麼，又失去了什麼？我們可能會因為出色地完成一項工作而得到上級的賞識，或者得到豐厚的報酬，可是我們卻因此失去了身體的健康，也失去了陪伴家人的時間。這其中的得與失，恐怕只有當事人自己才能夠權衡吧！

事實上，想要更完美、更出色地做好一件事情，首先應該給自己留一些空間。這正是本書的精髓所在——不管做什麼事情，只要盡到八分的力氣就行了，剩下的二分就當成自己養精蓄銳的本錢和迴旋的餘地。無論是生活，還是工作，需要我們努力向前衝，更需要我們給自己留一些緩衝的空間，只有這樣，才能讓自己走得更遠。

有一位禪門弟子日夜參禪，可是花了很長一段時間仍然沒能開悟。於是那位弟子來到師父跟前，希望能得到師父的指點。師父將一把粗鹽和一個葫蘆交到他的手裡，然後微笑著說：「你能夠給裝滿水的葫蘆裡倒進鹽，並讓它盡快地溶化嗎？」

那位弟子按照師父的話去做了，過了很久，他才大汗淋漓地跑回來，懷裡抱著葫蘆，氣喘吁吁地對師父說：「葫蘆裡的水太滿了，我怎麼搖也搖不動；葫蘆口太小了，連筷子也無法伸進去把鹽攪化。」

「那麼，你把葫蘆裡的水倒掉一些，再搖它一搖吧！」師父微微一笑，捋了捋自己的白鬍子。

這一回，弟子把葫蘆裡的水倒掉了一半，又用力地搖了一會兒，再沒有聽見鹽塊在水裡不斷碰撞的聲音了。

回到禪房，師父意味深長地對弟子說：「做任何一件事情，用功是好的，可是也應該給自己留下一點空間，否則就會像裝滿水的葫蘆一樣，既不能搖，又不能將那些該消釋的東西消釋掉。」

這位老禪師的話確實很有道理，試想一下：如果那位弟子不倒掉一些水，怎麼可能讓鹽溶化呢？如果我們不給自己一點空間，怎麼可能享受進步的成果呢？

在越來越忙碌的生活與工作中，不知道你有沒有注意到：你的收入上升的速度，有你血壓上升的速度快嗎？當你從職場菜鳥成長為資深白領的同時，你濃密的黑髮中也逐漸多了些許的「雜草」。只有當你回過頭來的時候，才會發現自己已經很久沒有休息了。為了生活、為了工作，你已經出賣了自己的身體，甚至靈魂。也許你的身體已經在「抗議」了，你的心靈也越來越疲憊，越來越煩躁。當身體的某些不適感越來越嚴重，當你幾次和醫院接觸之後，才真正地意識到自己前進的代價，才真正理解老人們常常叮囑的那句話——身體是革命的本錢！

現實中的諸多事實表明，那些用盡全身力氣的「拼命三郎」，也未必能在工作中取得多麼輝煌的成績。相反，現代社會普遍認為，「那些會休息的人才會工作」、「今天休息是為了明天更有精神」。我們渴望把每一件事情做好，這固然沒錯，可是有些「宏偉」的目標不可能一步到達，如果一味地追求速度，什麼事情都想一蹴而就，那麼就算付出慘痛的代價也未必能夠做好。尤其在這個錯綜複雜的社會裡，我們都是在某條路上踽踽前行，我們渴望通過自己的努力迅速獲得社會的認可，我們渴望一下子超過周圍所有的人。但如果我們每個人都抱著這樣的想法，那麼我們只會在不斷地互相超越中，迷失了生活的真諦。

所以，當你感覺身心疲憊的時候，不妨停下腳步，給自己一些舒緩的空間，讓自己得到一絲喘息的機會。為了不把自己弄得那麼疲憊，你可以嘗試以下幾種方法來放鬆自己的情緒：

1緊張的時候，你可以選擇深呼吸

當你感覺煩躁、壓抑，甚至想要爆發情緒的時候，不妨試一試深呼吸的方法。深呼吸可以幫助你緩和那些將要爆發出來的情緒，你只需要用鼻子輕輕地吸一口氣，讓這股氣流順著你的腹部，直到你的肋骨，然後從鼻子慢慢地呼出，就這樣一呼一吸，很快就能夠讓自己感覺平靜，而且煥然一新。

2適當的運動可以減輕你的壓力

首先，你可以選擇小跑步一下。在週末或者節假日，早早地起床，去公園或者社區裡跑上幾圈，這樣可以讓人減輕緊張的壓力，有助於身心健康。

其次，你可以選擇做伏地挺身的方式來減輕自己的壓力。伏地挺身是一項相對安靜和有效的上肢運動，而且也不受場地和器械的限制。你可以一次做十個，然後在中間休息幾十秒，能夠堅持做三分鐘最好。

3打開音樂，聆聽緩緩流淌的音符

音樂的確是很好的「鎮靜劑」，尤其是那些舒緩的樂曲。音樂不能光用耳朵聽，我們還應該用心去感受那些緩緩流淌的音符，體會作曲者想要表達的情愫。無論何種音樂，只要能讓你感覺放鬆就好。

4一個人安靜地散散步

情緒緊張的時候，你可以選擇一個人安靜地去散散步，這樣有助於身心放鬆。你可以充分享受美味的午餐時光，讓自己的心靈得到片刻的休息，之後你可以外出散散步，就算只是一段十分鐘的輕鬆散步，也可以讓你的緊張情緒得以緩解。散步的時候可以控制在一～二小時。

5與人交流是很好的「發洩」方式

如果你現在正處於情緒緊張的狀態，那麼不妨找幾個要好的朋友說說話，或者是自言自語，以這樣的方法來釋放心裡的緊張情緒，把心裡不愉快的想法都說出來，就會感覺很舒服，情緒也會慢慢地放鬆下來。

6洗個熱水澡，讓身心放鬆下來

泡個熱水澡，是讓身心放鬆的最舒爽時刻。你可以浸泡在比自己的體溫高一些的熱水裡，時間不要超過十五分鐘。這樣可以促進你的血液循環，提高新陳代謝，還有助於減肥呢！

總之，真正的生活應該活在享受中，應該活得愉快、活得舒適，不要把自己逼得那麼緊，給自己一點進步的空間，讓生活更從容一些！

給人生留白，太滿會讓生活窒息

即使你是一個不懂畫的人，也應該知道中國畫與西洋畫最大的不同在哪裡——西洋畫講究畫面的豐富多彩，一頁畫紙常常畫得滿滿當當；而中國畫講究「留白」，一頁畫紙上寥寥數筆，顯水天之空靈，凸畫意之深遠，這就是我們常說的「留白天地寬」。

在素雅的中國畫中，我們看到的不僅僅是山水草木、花鳥魚蟲，更多的還是蘊藏在「留白」處的生活哲學與處世之道。曾經有哲人指出，人生也需要「留白」。這是多麼富有哲理的箴言啊！不過在我們的周圍，大多數志存高遠的人，總是習慣將每天的行程排得滿滿的，在無停止的勞動與奔波中，累垮了身體，摧毀了心靈。他們讓自己如此勞累，甚至不堪重負，難道只是為了珍惜人生的光陰嗎？

《菜根譚》裡有這樣一句話：「憂勤是美德，太苦則無以適性怡情。」大意是說，盡心盡力去做事是一種很好的美德，但是過於辛苦地投入，或者由於無謂的忙碌而使自己心力交瘁，卻是不足取的。這就是古代人的智慧，也是對八分哲學的最好詮釋。

我們都知道，在中國古代有一種叫作「饕餮」的怪獸，它的身體就是一個巨大的頭顱和一張碩大的嘴，由於過分貪吃，拿著什麼就吃什麼，最後撐破了肚皮。還有一種叫作「蝜蝂」的小蟲，它在爬行的過程中，只要遇到什麼東西，就抓過來扛在背上。由於背上的東西越來越多，越來越重，蝜蝂的行動也越來越吃力，可是它並沒有停下來的意願，並且「立志」要往更高處爬，最終因為精疲力竭、體力不支而摔死在地上。

也許有很多人都在笑饕餮和蝜蝂太傻，可是在當今社會的各個角落，絕對不乏像饕餮和蝜蝂這樣被撐死和累死的人——如那些全力付出而「過勞死」的大企業家，他們都沒有真正領會到八分哲學的內涵。所以，在任何時候都不要忘了給自己的生活「留白」，不要總是將生活塞得滿滿的，讓自己無法呼吸。

1工作需要「留白」

現代社會，人們的工作壓力與日俱增，很多人彷彿給自己安上了自動「馬達」，在沒日沒夜的工作中，失去了太多寶貴的東西。其實，工作也需要「留白」，加班也並不代表工作多麼認真、多麼有效率。我們在為自己的事業努力奮鬥時，不妨把八分的精力與時間投注在工作上，剩下的兩分用來休息、充電學習、陪伴家人，或者去觀察天邊的雲霞，去凝視遠處的山巒，去留意水中的漣漪，去欣賞孩子純真的笑臉……這樣便能使自己的身心處於放鬆狀態，自然也會提高工作效率。

2人脈需要「留白」

不管我們願不願意承認，現代社會的人際關係，大多建立在某種程度的利害關係與利益交換中，這也許只是為了工作或者生存所需，與真正的友誼沒有太多的聯繫。因此，我們在努力為自己拓展「人脈」關係時，只要付出八成的時間與努力就行了，一定要留下兩成給自己的朋友、同學。我們怎麼也忘不了曾經的同窗情誼，那時候的友誼是沒有任何利害關係的，就算經過多年的歲月，它仍然是純潔而美好的，值得我們每一個人去珍惜。所以，平時除了難得一次的同學聚會外，我們也應該時常與學生時代的知心好友保持私底下的情感聯絡——如有時間打個電話、發條簡訊，或者約出來見見面、聊聊天等，以此來鞏固彼此之間的友誼。

3愛情需要「留白」

一位著名的情感學專家指出：「在愛情裡面，我們要做的不是用盡全部的情感去討好戀人，而是應該給自己留下兩成的空間。只有懂得愛自己的人，才能更好地去愛對方；只有留下一些力氣來愛自己，才會擁有不斷付出愛與享受被愛的能力。」這句話說得很有道理，面對愛情，只付出八分的情感才是恰到好處的，留下的兩分距離，不僅可以避免相互傷害，不讓感情成為對方的負擔，而且距離產生美，平淡儲存真，這樣更有利於地久天長。如果我們對於戀人過於親密，甚至投入十二分去愛一個人，就會給對方一種緊迫逼人的巨大壓力，也會使自己喪失自我，進而忘記理性的存在。所以說，愛情也需要「留白」，給自己一些空間，也給對方一些空間，這樣才能讓愛情更自由長久！

4 玩樂需要「留白」

我們在做任何事情的時候，都要講究一個度，即使玩樂也是如此。放假的時候，我們最好不要把全部時間都用來玩樂，這樣只會讓自己忘乎所以，甚至讓自己越玩越累。到假期結束時仍然無法收心，重新回到工作崗位上時，也無法迅速找回當初的狀態。因此，在節假日，我們不妨把八成的時間拿來盡情地玩樂，另外兩成則用來收心，調整好隔天要上班的心情，並預先準備工作上需要的東西，如閱讀一份報告，或是規劃新一期的工作預定表等。總之，我們只有學會在玩樂時「留白」，才能讓自己在工作與玩樂中「收放自如」，永遠保持最佳狀態。

人不可能永遠生活在高壓之下，不然就會崩潰。我們應該學著給自己的心靈放一個假，不要因為忙就沒時間回家看望父母；不要因為忙就不和孩子一起玩耍、看卡通；不要因為忙就錯過了窗外的美景，哪怕只是一場雨、一道彩虹、一片黃昏……有人說：「不會休息的人，就不懂得生活。」事實上，不懂得給生活「留白」的人也不懂得生活！

藝術講究留白，生活也講究留白。我們看最高遠的天空，往往只有一絲流雲、一隻雄鷹，或者一輪豔陽；我們看最遼闊的大海，往往只有一葉扁舟、一片風帆。生活也是如此，在空白處往往潛藏著最豐富多彩的人生。

因此，我們應該學會給自己的生活留一點空白，讓生活變得張弛有度、游刃有餘。只有這樣，才能在如今這個高速發展的社會中，保持一種冷靜進取、波瀾不驚的人生態度。

做事太「過」，不如「不及」好

有一個成語叫「過猶不及」，它的解釋是這樣的：「事情做得過頭，就跟做得不夠一樣，都是不合適的。」詞典的權威解釋當然不容置疑，在現實生活中也是如此。不管我們做什麼事情，都要恰到好處，不能「不及」，也不能太「過」。

例如，在農業生產中，施肥要講究適量，施肥太少或者太多，都不能讓農作物長得繁茂；病人服藥治病，劑量也要講究適當，量小治不了病，量大又會造成中毒；口渴了想喝水，倒了十二分滿，肯定會溢出二分，然後端著滿滿的一杯水，顫悠悠地湊近嘴唇——說不定又會有些潑灑，濕了地毯、毀了鍵盤。這樣做費時費力不打緊，還浪費了水，不如倒個八分滿，喝起水來簡單俐落，既節省力量，又不會浪費多餘的資源，還能夠給人留下成熟穩重的良好形象。

蘇聯作家克雷洛夫曾經寫過一篇著名的寓言《傑米揚的魚湯》。這個寓言大概是說：

有一個叫傑米揚的人十分好客。一個陽光明媚的下午，傑米揚的好朋友遠道來訪，他感到非常開心，為了好好款待這位多年不見的老朋友，還特意親自下廚，燒了幾道最拿手的魚湯。朋友對熱情好客的傑米揚十分感激，在喝了第一碗魚湯之後，連聲稱讚味道鮮美。傑米揚又勸朋友喝第二碗，這時候朋友已經感覺有點膩了，可是礙於情面，還是勉強喝了下去。誰知道傑米揚不但沒有察覺，反而一個勁地勸朋友渴湯，就這樣，朋友被「逼」著喝下了第三碗、第四碗……最後終於忍無可忍，氣憤地丟下碗一去不復返了。

傑米揚的熱情好客是不容置疑的，魚湯是鮮美的佳餚也是不容置疑的，可是做任何事情都應該講究一個「度」，如果太「過」了，就會適得其反。只要我們看看身邊的那些成功人士就很容易發現，他們之所以能夠在事業上取得如此輝煌的成就，不僅僅是由於他們比常人更聰明、更勤奮，更多的還是取決於他們懂得恰如其分地行事，懂得不偏不倚地待人，更懂得在適當的時候見好就收。總之一句話：他們善於把握分寸，善於運用八分哲學。

大陸的史玉柱是一個靠軟體起家的億萬富翁。一九九五年，他在《富比士》大陸富豪榜排名第八，然而兩年之後，他變得幾乎身無分文。這到底是怎麼回事呢？

原來在十多年前，史玉柱看到房地產市場特別火熱，於是打算投鉅資進軍房地產行業，雄心勃勃的他決心要建一座「巨人大廈」。大廈的建設方案隨著經濟的火熱和史玉柱內心的燥熱，從十八層、三十八層、五十四層、六十四層……不斷加碼。一九九四年初，在「巨人大廈」的開工典禮上，史玉柱對外宣佈，「巨人大廈」要建成中國第一高樓六十四層，可是話到嘴邊，面對著參加典禮的眾多名流殷勤的目光，史玉柱頭腦一熱，心裡盤算著：六十四層也沒與中國一些高樓拉開太大的距離，於是他咬一咬牙，脫口而出：「巨人大廈要建七十二層。」

相信很多朋友都對大陸「巨人大廈」的結果有所瞭解——一九九六年，「巨人大廈」出現資金短缺的情況，史玉柱只能用巨人集團保健品方面的全部資金來填補「巨人大廈」的虧空，而保健品業務則由於「失血」過多，幾乎被拖垮了。苦苦支撐到一九九七年年初，「巨人大廈」仍然沒有按時竣工，已購樓者天天上門催著要退款，媒體也報導了「巨人」的財務危機。就這樣，在層層重壓之下，史玉柱一手打造的巨人集團宣告破產。他本人也從身價上億的富豪，變成了負債累累的窮光蛋。

到底是哪個環節的失誤，才讓自己最終走向了失敗呢？痛定思痛，史玉柱做了深刻的反思與檢討。在《我的四大失誤》一文中，他認為自己首要的失誤是：「盲目追求發展速度。」他的胃口太大了，總是妄想以十二分的速度去迅速壯大自己：在短短的兩個月內，他為企業訂下的銷售目標，從十億到五十億再到一百億；在短短幾年之內，他的「足跡」遍佈各個商業領域，從電腦行業到房地產業，再到保健品行業，四面出擊……這樣做的結果可想而知，只會讓自己吃不了兜著走，把自己帶入了一個深深的泥潭。因此，史玉柱當年的失敗，歸根究底還是源於「過」——攤子過大，速度過快，而「巨人大廈」只不過是這個被點燃的火藥桶的一根導火線而已。

孔子說：「過猶不及。」如果我們一定要用十二分的「過」與二分的「不及」相比，那麼很容易想到——「不及」帶給巨人集團的結果要比「過」好——還有什麼情況會比公司破產、欠下眾多百姓「良心債」的後果壞呢？這個沉痛的教訓，讓史玉柱明白了更多道理，也走得更穩一些。在之後的幾年裡，他艱苦創業，最終成為一個著名的東山再起者。從巨人中文卡到巨人大廈，從腦白金到黃金搭檔，再次創業讓史玉柱成為一個保健品巨鱷、網遊新銳，成為身價百億人民幣的企業家。他曾是無數企業家引以為戒的失敗典型，他「狂熱的失誤」告訴我們：做事太「過」，還不如「不及」好。

我們都知道，在給汽車輪胎打氣的時候，打到十二分必然會爆胎，還不如少打些，不夠還可以再補。人生也是如此，凡事八分就好。如果事情做得太

「過」，就會物極必反、樂極生悲。很多時候，十二分不如八分好，這就是所謂的「過」不如「不及」的簡單道理。在生活中我們應該注意，凡事八分就好，不能做得太「過」。以下幾種情況值得我們引以為誡：

1樹大容易招風，人強容易樹敵

不要以為「萬眾矚目」是什麼好事，那樣只會讓自己成為眾矢之的，因為沒有人喜歡聽從別人的指揮，所以你要學會隱藏自己的意圖，安靜地等待時機。

2做生意不能一次賺足，吃獨食做不成大買賣

做生意的時候，首先應該分清楚芝麻和西瓜孰輕孰重，假如只知道一味地放縱貪慾，總是為自己的利益著想，那麼你永遠也做不成大買賣。

3表現自己並沒有錯，關鍵要有度

事實上，那些喜歡自我表現的人往往是愚蠢的，他們以為在人前賣弄是無限風光，而事實上，別人不過當你是表演的「小丑」，是「孔雀開屏」罷了。所以你應該切記：不要輕易地在別人面前賣弄你的幽默，更不要為了炫耀自己

的長處，而去尋找別人的短處。

4 較真未必真明智，糊塗一點好處多

人總是「難得糊塗」一回，其實假裝糊塗也是一種智慧。無論男人或者女人，都不要將自己的聰明才智輕易地顯露出來，無論什麼時候，都應該謙虛謹慎一些。雖然事實的真相很重要，可是不一定時時都要弄清楚。

5 過分老實不見得是好事

有的時候，善意的「欺騙」可能會被人接受，過分老實的人，卻不一定受到大家的歡迎。所以說，做人要懂得審時度勢，在該說真話的時候，一定要說，在需要說「謊話」的時候，也不必太計較。

6「擺架子」要看時候，太「過」只會招來非議

有時候「擺架子」的確能夠顯示你的身價，不過架子擺得不是時候，往往會招來非議。所以還是把你的「架子」放下來，從最基礎的做起吧！放低姿態才更容易將事情辦得恰到好處，因為謙卑的姿態可以讓你更好地接近他人。

7總是過高地估計自己的辦事能力，自高自大

人很容易在細小處出紕漏，正所謂「千里之堤，潰於蟻穴」。有的人無論做什麼事情都過於自信，所以常常在一些小事上掉以輕心。

8說話太「過」，小心嚇著別人

每個人都喜歡聽到別人的恭維，不過凡事都要講究八分原則，如果我們說話沒有把握好分寸，過度地恭維別人，就會給人一種迎奉拍馬的感覺，而過分的恭敬就好像對人懷有警戒之心一樣。我們說話不要太「過」，不做沒有意義的爭論，同時也不要經常發出抱怨，因為這些都讓人無法忍受。

學會選擇，人生是有航向的船

很多人都以為，人生中有許多時候都會失去選擇的權利，如人們不得不接受自己不喜歡的工作，不得不走入婚姻的殿堂，不得不面對自己不喜歡的人，不得不強顏歡笑……人生的各種無奈，似乎都在說明一個問題：我們沒有選擇的權利！事實上呢，我們一直都面臨著各種各樣的選擇——即使你對自己的人生感到茫然無措，放棄了選擇的權利，在固有的生活軌跡裡待上幾年，甚至幾十年，而不做出任何的改變措施——這種消極的「不去選擇」，事實上也是一種選擇。因為你選擇了「不去選擇」，選擇了持續的茫然無措，選擇了接受，而不是改變。

事實上，人生需要的東西並不多，我們不一定時刻追求完美。只要能夠把握人生的選擇權，懂得在適當的時候放棄與堅持，就具備了成功者的素質。英語有一句格言說得很好：「你有所選擇，同時你就有所失去。這是一種交換。」的確，在我們做出某種選擇的時候，也會失去一些東西，捨與得的智慧便在於此。如果選擇用另一種眼光來看待「失去」，那麼你就會明白「失去也是另一種形式的獲得」。人生的關鍵在於選擇，選擇好你的方向、你的朋友、你的夢想、你的生活方式，就會使你大膽向前、不斷攀登，最終收穫幸福的人生。

1 選擇好你的人生方向，人生是有航向的船

生活中有不少人終生都像夢遊者一樣，麻木而又漫無目的地遊蕩著。他們每天很有規律地生活著，像機器鏈條上的一環，機械地重複著熟悉的「老一套」生活。他們很少問自己：「我追求的是什麼？我這一生要怎樣有意義地度過？」或者說，他們根本沒有意識到這些問題。歸根結底，是因為他們沒有自己的方向和目標。

我們知道，航行在天空中的飛機，如果失去了飛行的方向，一場慘烈的空難就有可能發生；漂浮在河流上的小舟，如果迷失了前行的方向，湍急的波浪

就是它的葬身之地；奔跑在草原上的駿馬，如果迷失了行進的方向，就有可能南轅北轍；如果人生沒了方向，你就會謹小慎微，裹足不前。所以，不妨給自己制定一個明確的目標，它就是你前進的方向。

給自己制定一個目標，就是將所有的力量高度集中在某一個點上。我們不妨給自己一個清楚的構想，把自己的目標記錄在紙上，最好能夠給自己規定一個實現它的期限。當然，我們在制定目標的時候，也要根據自己的能力來訂定。那些不切實際的目標，不但會打擊你做事的積極性，還可能會讓你一事無成。不過從另一方面來說，如果把目標訂得太低，你就可能因為對自己沒有信心，最終也會失去興趣。想要激起自己的鬥志，同時也激發自己的興趣，就要給自己制定一個具備一定難度，而且有一定挑戰性的目標。

2選擇好你的朋友，他們會決定你將成為怎樣的人

有一位學者說過：「想要成功，那麼就去結交那些比你更懂的人。」當然，這句話運用到職場上更為貼切。

十七歲的時候，巴特萊在父親的鼓舞下離開北卡羅來納州的農場，隻身前往巴爾的摩馬丁飛機公司求職。作為眾多求職者中很普通的一員，巴特萊在被問到「想做什麼工作」時，他只是很平淡地回答說：「做什麼都可以。」

巴特萊最終被錄取了，還在試用期時，他就為自己訂下了一個明確的目標，那就是學會廠裡的每一項工作。為此，他樂意去任何一個部門。

在正式上班以後，巴特萊在工作中表現得更為出色。一旦管理者確認他的工作不比別人遜色時，他就提出去另一個部門，一切從頭開始。這的確是一個「不尋常」的請求，不過人事主管還是同意了。

只要巴特萊去到一個新的部門，就會向那些經驗豐富者請教。而一般的新手通常會避開這種人，生怕靠近他們，會使自己看上去像個初出茅廬者。巴特萊向這些人請教他所能想到的每一個問題。他們也很喜歡這個不恥下問的年輕人，於是把自己摸索出來、別人從未問過的經驗之談傳授於他。巴特萊儼然把這些熱心人當成了自己的良師益友。

由於在工作中善於結交朋友，巴特萊年滿二十歲的時候，已經從這家大工廠脫穎而出，承擔起實驗方案的把關，薪水也相當不菲。巴特萊成功的秘訣是什麼？當然就是懂得選擇自己的朋友。

巴特萊的故事讓我們明白，無論是在生活中，還是工作中，也不管你的目標是什麼，都應該想辦法與那些比你懂得更多的人發展關係，把他們作為努力的榜樣，不斷調整、改進自己，這樣才能更好、更快地獲得成功。

3選擇一個夢想，沒有什麼事情是不可能的

你知道成功者與失敗者之間最大的區別是什麼嗎？當然不僅僅是高於常人的毅力和努力，更多的還是在於選擇。我們常常看見那些天資聰穎的人，因為選擇了放棄，最終一事無成；而那些成就輝煌事業的人通常選擇了堅持，從而在人生的道路上一次次跌倒和爬起——他們之所以能夠堅持下來，是因為他們擁有自己的夢想。我們不應該只是為了生存而生活，在層層重壓之下，我們應該學會放鬆自己。在付出了八分的努力之後，剩下的二分用來追求自己的夢想。

試想一下，如今還有多少人在堅持自己最初的夢想呢？由於種種原因，我們最終只能選擇放棄自己的夢想，這是一種無奈，還是一種消極的選擇？我們習慣將生活的所有空隙填滿，直到讓自己筋疲力盡。為什麼要為自己選擇一個夢想呢？也許在層層的壓力之下，它能夠讓你的精神昇華，讓你找到輕盈向上的力量！

4選擇你的生活方式，成就你的幸福人生

事實上，你的成功與否，最終還是決定於你所選擇的生活方式。

那天晚上，小林隨手打開電視，卻被一段真實的採訪吸引住了。被採訪者是一個貧困山區的小孩。那是一個天真爛漫的孩子，皮膚黑黑的，臉上有兩朵紅暈。

記者問那個孩子：「你放羊是為了什麼？」

孩子回答道：「為了賺錢。」

記者又問：「賺錢做什麼。」

孩子回答：「娶老婆。」

「娶老婆做什麼？」

「生小孩。」

「生小孩做什麼？」

「放羊。」

看到這裡，小林陷入了深思：小孩的故事的確讓人覺得可悲，究其原因，並不是因為他的家裡貧窮，也不是因為他放羊的職業，更不是因為他的「賺錢」方法，而是因為他陷入了一種盲目的生活狀態，可是自己卻不知道。

其實，生活中的「小孩」並不少見，他們每天過著麻木而機械的生活，從未想過自己追求的是什麼，自己真正想要的是什麼，在繁忙的工作中漸漸地迷失了方向，迷失了自我……這時候，你就應該暫時地停下腳步，想一想現在的生活方式是自己想要的嗎？

我們不是擁有太少，而是慾望太多

古代偉大的思想家荀子曾經說過：「人生而有慾。」慾望與人的生命一樣是與生俱來的，每個人的一生中都被各種慾望所糾纏。人有一些慾望是很正常的事情，可是如果慾望太多，甚至將慾望發展成為貪婪，那無疑是為自己的生活套上了沉重的枷鎖。那樣只會讓自己在慾望中沉淪，並且最終迷失方向，使自己的心靈喪失自由。

一個喪失了心靈自由的人，又何談快樂呢？所以，為了找回當初簡單而幸福的生活，我們應該學著拋棄沉重的慾望枷鎖。「就算面前絢麗綻開數百朵的花，可是我只折取其中一枝，仍然是芳香盈袖。」只有懂得這樣的生活哲學，才會讓我們遠離慾望的魔咒，重新擁有簡單的快樂。可是在現實生活中，因為誘惑太多，我們總是揹負著各種慾望在人世間來回奔波，當慾望漸漸地膨脹，直到超出了自己的初衷時，才發現自己已經不堪重負了。

艾薇兒出生在一個普通的家庭，由於是家中的獨生女，父母便將她視為掌上明珠。雖然家裡的經濟條件不是很好，可只要是艾薇兒想要得到的東西，父母都想方設法地滿足她。在這樣的家庭環境中長大，使得艾薇兒的慾望很多，而且無論她如何追求，總是沒有滿足的時候。比如，她想賺很多錢和家人去世界各地旅遊；想買數不清的衣服、鞋子、包包、首飾；想擁有最昂貴的化妝品、護膚品。她認為只有這些，才能帶給自己最純粹的開心，帶給自己摸得著的真實感。可是漸漸地，她的慾望越來越膨脹，於是開始花更多的錢去購買那些她根本消費不起的名貴珠寶和高級服裝，不久她就欠了銀行很多錢。高額的利息讓她生活得很辛苦，在華麗的外表背後需要付出的代價，只有她自己知道。因為慾望太多，她已經感覺不堪重負了。

生活中，很多人會感到心理的疲倦，覺得生活太苦太累，自己並不幸福。

佛經中說：「『慾』生諸煩惱，『慾』為生苦本。」人活在這個世界上之所以會覺得苦悶、疲憊，都是因為有慾望的存在。由於自己的慾壑難填，所以才會滋生出各種苦惱。《佛遺教經》中也說：「多慾之人，多求利故，苦惱亦多。」意思是說，如果我們被各種慾望所束縛，追求的東西太多，那麼不幸、苦惱也會隨之而來。

事實上，正是因為我們的慾望太多，所以才會覺得自己擁有的太少，這樣也就造成了自己的心理貧窮。因此，只有將那些多餘的慾望丟掉，我們的生活才會回歸本來的面貌，我們的生活才會更自在、更快樂。相反，如果一味地在貪慾中沉淪，那麼等待自己的只會是不堪重負，甚至走向滅亡！

在遙遠的古代，一個老實的牧羊人趕著羊群走過一片山谷。一次偶然的跌倒，讓牧羊人發現了一個深不可測的山洞。在好奇心的驅使下，他一步一步地往裡面走。起初洞內是黑暗的，他只能摸索著前行，可是沒過多久，他的眼前突然一亮，就在山洞的深處，出現了一個金光閃閃的寶庫。

「天哪！這是不是人們常說的天下第一寶藏呢？」牧羊人簡直不敢相信自己的眼睛，從小到大，他從來沒有見過這麼多的金子。他小心翼翼地從幾萬噸的金山上拿了小小的一條，並自言自語道：「如果財主不再叫我幫他放羊的話，這幾十兩金子也夠我生活一段時間了。」牧羊人邊說，邊從金庫裡走了出來。當他回到放羊的山上，心裡感到十分滿足：「夠用了，夠用了。」他一邊在心裡盤算著自己將來的生活，一邊不慌不忙地將羊群趕回老財主家。

在老財主家裡，牧羊人將他發現寶庫的過程，如實地稟告了財主。他還把自己撿到的那塊金子拿出來給財主看，讓其辨認真假。財主將那塊金子拿在手中，看了看，掂了掂，又放進嘴裡咬了咬，在確認無誤之後，又一把將放羊人拉到身邊，急切地詢問寶庫的具體位置。當牧羊人把山洞的大體方位說出來後，財主馬上命管家與手下，直奔牧羊人說的那座山，但是財主擔心牧羊人說謊，乾脆直接讓牧羊人帶路。當財主見到真的金山時，高興得不得了。財主趕緊將金子都裝進了自己的口袋裡，還叫自己的手下多拿點。

財主為了獨吞山洞裡所有的金子，於是用陰謀將牧羊人支走了。可是，就在他和手下準備搬走所有金子的時候，山洞裡的神仙突然發話了：「人啊，別讓慾望負重太多，到時天一黑，山門就關了，你不僅得不到半兩金子，連老命也會丟在這裡。」這時的財主已經被貪慾蒙蔽了雙眼，他又怎麼能夠聽得進去呢？他心裡存在著一絲僥倖：「山洞這麼空闊，且又那麼堅硬，就是天大的石頭砸下來，也砸不到自己的面前，何況這是金子啊，不拿白不拿，負重一點兒怕什麼，出去不就是大富翁了嗎？」於是，財主還是不停地裝運，非要把金山搬空不可。就在這時，山洞裡響起一陣轟隆隆的聲響，山洞裡汩汩地冒出了岩漿，財主以及山洞裡的金子，就這樣消失在岩漿之中。

人是感情動物，只要進入社會接觸到物質社會的利益，就會在心裡產生出種種慾望。只是這樣的慾望有的人少些，而且非常客觀，有的人卻多得連自己也說不清楚需要多少才能得到滿足。是啊，正是由於慾望如此沉重，才會讓揹負它的人因此疲憊不堪，並且隨時可能跌入深淵。米蘭．昆德拉曾經說過：「慾望是一種美！」正當的慾望是一個人成功的原動力，同時也是一個人在物質社會裡不能或缺的東西，如健康的身體、美滿的家庭、應有的錢財……這些都是幸福之人必不可少的東西，我們也有追求的權利，只是我們不要讓慾望把心裝得太滿，只要八分就好。

如果我們的心總是被慾望所控制，為了自己的利益可以做出任何事情，甚至非法掠奪他人的財富也在所不惜。那麼終究會有一天，人生的金礦裡也會冒出汩汩的岩漿，原來美好的生活，也會被自己的慾望所吞噬。這是多麼可怕而又可悲的事情啊！為了不讓自己掉進毀滅的深淵，在生活中我們應該如何克制貪慾呢？有以下幾點需要做到：

⑴將自己所需求的東西進行分類，任何東西都可以分為「必需品」和「身外物」。

⑵要學會克制自己的慾望，享受自我掌控的感覺。比如，你想要購買某種東西，但是它的價格又超過你的支付能力，這時你可以經常去商店觀賞它，這比真正買回來的快樂更持久一些。

⑶假如你的慾望是因為羨慕別人所擁有的東西，那麼就在心裡對自己說：

「雖然他擁有我缺乏的東西，但是我擁有的東西他也同樣缺乏。」

總之，我們應該牢記，生命就像大海裡的一葉小舟，它不能負載太多的慾望，如果想讓自己的生命之舟安全地抵達人生彼岸，而不會因為慾望太多在中途就擱淺或者沉沒，就必須把那些不需要的東西通通捨棄掉。千萬不要讓心中的慾望恣意生長，最後將自己吞沒。其實，我們需要做的很簡單，就是輕輕地張開自己的雙手，將那些不屬於自己的堅持輕輕地放下，這樣我們的人生就能逍遙自在了。

Chapter 2

口才藝術中運用八分哲學：話忌說滿，八分更有感染力

話說得太滿，就沒有了退路

如果你是一個足夠聰明的人，那麼在與別人交往的過程中，就一定不會把話說絕，讓自己毫無退路。因為這個世界上沒有永遠的朋友，也沒有永遠的敵人，說不準今天被你打擊的對象，明天就成了你的合作者。所以，在平時的說話藝術中，我們要懂得如何運用八分哲學，而不是口無遮攔，常常說出一些「勢不兩立」的話。只有那些愚蠢的人，才會對別人過早地下定論。

很多時候，話說得太滿，就等於截斷了自己的退路。我們看看那些國家元首或者商界巨擘，他們在發表自己的意見時，總是先說「你的事做得挺好，效果、反映都不錯」之類的話，然後再用「就是」「但是」「不過」等來做文章。誰都知道，「但是」後面的才是真正要說的話，不過前面的話並不是假話，或者廢話，所以不得不說，這樣是為了營造一種輕鬆和諧的氛圍，也是為了不把話說絕，以至於留下任何話柄。如果一個人說話直來直去、口無遮攔，那麼就會使別人的面子受損，從而在心中生出芥蒂。這樣就為自己埋下了隱患，給自己帶來許多不必要的麻煩。

周先生是一個地地道道的大陸河北人，幾年前他到內蒙古做羊毛生意。當地有許多做畜牧產品生意的小收購站，都願意給他提供貨源，一直以來，大家合作愉快。

前不久，周先生再一次到內蒙古聯繫貨源時，一家在當地頗有實力的公司派代表找他談生意。對方直言不諱地說，他們有實力將那邊的羊毛生意全部包攬，希望周先生能夠放棄與那些零散的小收購站合作，兩家聯手做，可以很好地控制價格，這樣對雙方都有利。這看起來是件好事，但是周先生明白，內蒙古是他多年辛苦經營的根據地，若只為自己眼前的利益，被以往的合作者和下面的百姓「千夫所指」，以後在這地方上就不好混了。可是如果不答應吧，對方公司在當地實力雄厚，和一些政府部門也有關係，斷然拒絕，就有些太不給面子了。

經過一番深思熟慮之後，周先生和對方代表說：「我們『在商言商』，貴方這樣好的條件，我也很想與你們合作，可是對於這邊的具體情況，你們肯定也知道得一清二楚，有那麼多的生意人就指著這一行吃飯，如果砸了他們的飯碗，再弄出一點事端，那麼對於咱們雙方來說都是巨大的損失。」周先生一針見血，指明了問題的癥結所在，然後又話鋒一轉，十分真誠地說道：「貴公司做的都是大生意，能夠與你們合作當然是我最大的榮幸，如果將來能夠籌畫出一個比較妥當的辦法，只要沒有生出什麼事端，我一定按照原來的計畫，只與貴公司合作。至於那些額外的利益，當然都是歸貴公司所有。」

周先生的這一番話說得無懈可擊，不過對方代表也是深諳世故之人，明知道周先生所謂的「比較妥當的辦法」，就算再花上好幾年的時間，也未必能夠籌畫出來，也就是說，周先生所謂的「只與貴公司合作」的話，說到底只能算是有名無實的「口惠」罷了。話雖然這樣說，可是對方還是能夠體諒他的苦心，這本就是一件為人所難的事情，或者說他沒有昧著自己的良心辦事，只要聽完他的前半段話，對方也就能夠理解了。可是他還補充了後半段話，這些都是給對方的一種尊重，其心意還是可以理解的。所以，對方代表微笑著點頭說：「周先生真是一個明白事理的人，我們雖然沒達成合作的意向，不過總算是不虛此行了。」

我們前面說過，做事要留有餘地，其實說話也是如此。在我們與他人的交際和交談中，由於各自所處的立場不同，觀點和利益也不同，因此我們不得不拒絕或回絕對方的一些不合理的要求。這種拒絕或回絕對我們是必需的，不能不說，不能不做，但是我們也會因為這種拒絕或回絕，沒有給對方留一個臺階下，常常弄得對方很尷尬。在很多人看來，這些關乎自身立場、觀點和利益的衝突，勢必要據理力爭，最後弄得魚死網破。其實不必如此，當我們遇到這種情況的時候，可以想辦法避免直接回話和直接做事的應對方式，而採取一些比較溫婉的說話，和一些比較容易讓對方接受的行事方式，這樣可以讓對方的情緒較少地受到刺激。俗話說得好：「就算不能做朋友，也不要成為冤家。」說話做事留個「活口」，留份人情，山不轉路轉，沒準以後大家又會在一起合作呢！

在與人交往的過程中，有很多事情的發展態勢是出乎我們預料的，我們也不可能完全瞭解事情的發生背景，所以，平日裡說話要懂得運用八分哲學，切不可輕易地下斷言，不留餘地，使自己一點迴旋的餘地都沒有。

王志勇剛剛大學畢業就找到一份挺不錯的工作，可是由於年輕氣盛，他在公司裡沒待多久，就因為工作上的問題和同事產生爭執——王志勇要用A方案，而他的同事堅持要用B方案，爭來爭去誰也說服不了誰，於是決定各自按照自己的方案做。本來說好分頭行事，王志勇卻忍不住說了一句：「你的方案絕對不行，你要是成功了我就不姓王，我跟你姓！」後來的事實讓王志勇非常難堪：他自己的方案失敗了，而同事的方案成功了。王志勇當然不可能真的改自己的姓，同事也沒有再提王志勇改姓的話。但王志勇明顯感覺到了周圍其他同事對自己的冷淡。三個月後，同事升為本部門主管，而王志勇只得選擇辭職，灰頭土臉地離開了。

生活中有很多人會反感一些行政官員在面對記者採訪時，老是用一些模糊的「外交辭令」，比如，可能、大概、研究、或許、評估、盡量、徵詢各方面意見等。其實，他們之所以喜歡運用這些字眼，就是一種應對意見的處理措施，而且是為自己留有餘地，否則一下把話說滿了，一旦結果事與願違，那該多難堪啊！

那麼，在日常交際與談話中，我們應該如何運用八分哲學，為自己留有餘地呢？

⑴面對別人的請求託付，我們可以答應接受，但不要「保證」，而應該用「我盡力爭取、我試試看」等表明自己的態度，卻不保證結果的字眼。

⑵與人發生強烈摩擦時，也要盡量管住自己的嘴巴，不要惡語相加，更不要隨口說出一些勢不兩立的絕話。不管誰對誰錯，最好是閉口不言。即使非要說，一定要只表示自己氣憤的程度，沒必要把話說絕，以便他日攜手合作時還有「面子」。

⑶當上級下達任務的時候，我們應該欣然接受，可是最好不要拍著胸脯說

「絕對沒問題」，也不要像電影裡那樣，說什麼「保證完成任務」一類的豪言壯語，而應當以「我將全力以赴」的字眼。因為現在不是戰爭時期，沒有人會讓你赴湯蹈火。上級要你完成的是「任務」，並沒有讓你下「保證」。

這樣做的目的，是為自己留下一條後路，而且這樣的回答，也不會損害你的誠意度，反而會讓老闆覺得你是一個做事審慎的人，因此更加信賴你！就算事情沒有辦好，也不會過於怪罪你。

(4)不要把人看「死」了。像「這個人一輩子沒出息」之類屬於「蓋棺論定」的話最好不要說。人的一輩子很長，變化也很多，不要一下子就做出評斷「這個人前途無量」，或「這個人能力高強」的話語。

總而言之，說話要講究八分哲學，處處留有二分餘地，這樣才能使自己「行不至於絕處，言不至於極端」。無論是在生活還是工作中，都應該講究有進有退的行事法則，這樣才能在日後處理事務時更加靈活多變，解決更多複雜的問題。說話忌滿，給自己和他人留下迴旋的餘地，這樣對彼此都有好處。

答案並非唯一，不要總是否定他人

普陀山一座寺廟裡住著一個老和尚和一個小和尚。老和尚一天到晚都坐在佛像前面念經，小和尚則坐在老和尚身邊想一些莫名其妙的問題。師徒二人相依為命，常年在這座幽靜的寺廟中吃齋念佛。

有一天晚上，月光從窗戶照了進來，老和尚慢慢地睜開了眼睛。他想考考身邊的小和尚，試一試小和尚的悟性如何，於是給小和尚出了一道題：「一個非常愛清潔的人和一個生活很邋遢、不講衛生的人一同從外面回來，是愛清潔的人先去洗澡，還是不講衛生的人先去洗澡？」老和尚希望從小和尚那裡得到一個合理的答案。

小和尚苦思冥想了好一陣子，答道：「肯定是不講衛生的人先去洗澡，因為他身上非常髒，需要去洗澡。」老和尚聽完小和尚的回答，只是微微一笑，不置可否。

小和尚以為自己的答案不正確，又改口說道：「一定是那個愛清潔的人先去洗澡。」老和尚聽完，只是問：「為什麼？」小和尚這次變得胸有成竹了，理直氣壯地說：「原因很簡單，講究衛生的人通常都有勤洗澡的好習慣，而不講衛生的人，通常沒有勤洗澡的良好習慣，只有愛清潔講衛生的人，才會因為長時間沒洗澡而先去。」說完，小和尚信心十足地望著師父，等著他老人家的肯定。可出乎意料的是，老和尚不但沒有肯定小和尚的觀點，反而評價小和尚的悟性差，小和尚這下是丈二和尚摸不著頭腦了。

「兩個人一同去洗澡，愛清潔的有洗澡的習慣，不講衛生的有洗澡的需要。」小和尚補充道。可師父的臉色告訴他，這次他又錯了。

到最後，小和尚只剩下一種選擇了，於是他小心翼翼地回答：「兩個人都不去洗澡，原因是愛清潔的人很乾淨，不需要洗澡；不講衛生的人沒有洗澡的習慣。」

他的話剛說完，老和尚滿意地說：「實際上，你把四個有可能的答案都已經全部說出來了，可是之前你每次只認準其中的一個是正確的，這樣你的答案是不全面的。因此，單單只拿一個出來，都不是準確的答案。」

生活中這樣的例子並不少見，很多人的腦海中，都存在「正確答案只有一個」的思維模式。事實上，對於某些數學問題來說，「正確答案只有一個」可能是對的，然而生活中大部分的事物，都有很多個不固定的「答案」，因此我們完全沒有必要為了一個並不固定的答案去爭執，甚至大動干戈。尤其是在與人交往的過程中，往往很多時候並非因為說得不對，做得不對，而僅僅是因為沒有全面地考慮問題。

如果在你的意識裡，永遠認為「正確答案只有一個」的話，當你得到一個答案之後，就會停止追尋的腳步。因此，我們不應該滿足於一個答案，甚至為此而放棄追求與探索。我們應該知道，世界是豐富多彩的，一個問題並非只有一個答案，如果換一個角度想想，也許就會有意外的發現。

師範大學的一位教授曾經做了一項關於「兒童想像力和幻想力」的研究調查。在這項調查中，教授向千餘名小學生提出了同一個問題：「如果樹上有五隻鳥，獵人開槍打死一隻，還剩下幾隻？」其中有百分之九十九的孩子說出了所謂的標準答案──「一隻也沒有了，因為獵人開槍打死一隻，其他的都被嚇跑了」。其中只有一名小學生的回答出乎眾人的意料，他說：「獵人開槍打死一隻後，樹上還剩下三隻，因為這五隻小鳥是一家人，獵人用槍打死了鳥爸爸，鳥媽媽被嚇跑了，最後樹上還剩下三隻不會飛的鳥寶寶。」這位專家在聽到孩子們的回答之後，感到十分不解，為什麼孩子們都會陷入同一種思維模式呢？

其實，我們身邊的很多人都用上面的題目考過孩子，當孩子說出千奇百怪、極富創意的答案時，我們總是習慣用唯一的「標準答案」來糾正孩子──「樹上五隻鳥，打死一隻，其餘四隻都被槍聲嚇跑啦！」這是幾代人都在沿襲的一種固定的思維方式，它使多少孩子喪失了迸發創造性思維火花的可能。如果將它反映到成人的世界裡，我們不也是同樣的無知，同樣的被「唯一的答案」，或者「標準的答案」所桎梏嗎？

既然「答案並非唯一的」，那麼我們就應該盡可能地從多個角度、多個方面考慮問題。在與人交談的過程中，也應該懂得八分哲學，不輕易地否定別人。試想一下，如果在對方陳述他們的一些見解和觀點時，我們總是忍不住發表自己的高談闊論，有時候還會出言不遜，說一些否定他人的言語，這樣做的結果，只會使雙方爭辯起來，甚至使雙方互相謾罵。這是誰也不想看到的結果。所以在你否定他人之前，至少應該想想以下幾個問題：

1在否定他人之前，你還有多少未知

在否定他人之前，你首先應該想想自己還有多少未知——凡是對自己沒有親身經歷，或者對事實的真相不夠瞭解，或者對某些問題存有疑點的情況下，都應該避免一些準確的表達，而選擇用那些恰當的限制性詞語。因為有的事物可能比我們想像的更複雜，涉及面也更廣，所以在我們尚未搞清楚事實真相、自己仍然不明就裡的時候，不宜說過頭話，輕易地否定別人。

2否定別人只是為了自己出風頭嗎

有時對方說的並非沒有道理，我們只是在虛榮心的驅使下，故意保持與對方不同的見解，搶著說出我們的高談闊論。這時我們就應該想想：我們的「高見」真的是高見嗎？或者只是想在眾人面前出一出風頭。假如我們總是固執己見，把對方的話當成片面之詞或者一家之言，然後我們也會從自己的角度出發，大談我們的想法。可是換個角度想想，我們自以為是的想法，不也是片面之詞或者一家之言嗎？所以說，我們完全沒有必要去反駁別人的意見，因為那本來就是毫無意義的。

3否定和責難對自己有沒有實際的意義

有時我們想干擾對方，完全是出於心裡不舒服，說出一些莫衷一是、模稜兩可的言論。我們也是明事理的人，只是對別人的看法保留自己的意見罷了。這本來就是一種有意識的行為，是出於我們內心的想法。可是這樣做的後果，會使我們錯失許多難得的機遇、許多難得的朋友。所以，在我們否定他人之前，應該想想：這樣做對自己有沒有實際的意義？對自己的利益是否毫無益處？在做出這樣的權衡之後，我們再考慮是不是非要否定和為難別人。

4 我們是不是可以更謙卑一些

其實，我們在否定別人的時候，自己也被否定了。為什麼不讓自己謙卑一些呢？與其和別人進行無休止的爭論，不如十分快樂、大方地肯定對方的觀點，學會點頭稱「是」。我們可以嘗試著從對方的角度出發，想一想他們的觀點或者言論，在哪些地方是合理的、正確的，哪些地方值得我們學習借鑑。自己如果能夠認真地傾聽對方，表示認可，不僅能夠使我們結交到更多的朋友，還能夠使我們啟悟智思、謙聽受益，何樂而不為呢？

前面我們已經說過，很多時候「答案並非唯一的」，任何一個問題換一個角度去思考，可能就有不同的答案。所以我們不要總是去否定別人的觀點，而應該學會贊同、欣賞他人。這樣便能使我們在談話中如魚得水。

言多必失，把好嘴上這道門

在古希臘有一句很有名的諺語：「學會控制自己的嘴巴，是人類最重要的美德。」我們知道，嘴巴在人體器官中，屬於比較難調教的一種。每個人都有一張嘴巴，它主要負責人生中的兩件大事：吃東西、說話。有的人因為貪吃撐破了肚皮；還有的人因為「貪說」使自己惹上了官司，其實這些都是嘴巴的弱點所在。

根據佛教的經典著作記載，釋迦牟尼曾在蓮花池上，面對諸位得道弟子，拈花微笑。大家都不明白他的意思，只能面面相覷。唯有迦葉尊者會心一笑，領悟了佛祖的意思，於是就有了禪宗的起源。另外，在兩千多年前的春秋時代，孔子路過社稷的廟宇，裡面有三座鍍金的塑像，於是就在它們的背上鐫刻下這樣幾句名言：「古之慎言人也，戒之哉！無多言，無多事。多言多敗，多事多害。」不管是釋迦牟尼拈花時的微笑，還是孔子「無多言，無多事」的箴言，都是為了讓我們明白一個道理，就是做人應該保持寡言少語的態度。對待他人不驕不躁，就算看起來笨拙一些，也比那些自作聰明、喜形於色的人好。

在很多時候，我們想說十句話，其實八句就能使對方明白其中的意思，剩下的兩句，大多跟主題不再有過多的關係，只不過是滿足我們的「口慾」罷了。這樣「多餘」的話聽多了，反而會使對方感覺煩膩。可是在現實生活中，人們總是喜歡說這些「多餘」的話。不管是有水準的人，還是沒有水準的人，見過世面的人，還是沒見過世面的人，都喜歡這樣——發生了一件事情，都喜歡發表一下自己的「獨特」見解：如有一部電影剛上映，我們總免不了發表一些評論；如有人虛心向我們請教，我們總是當仁不讓地發表自己的高談闊論；如有一些事情牽扯到我們的利益，我們更是要喋喋不休，說個沒完沒了……總之，只要被我們逮住一個說話的機會，（就算沒有，也會給自己爭取到一些說話的機會），便開始滔滔不絕，眉飛色舞地高談闊論起來。

事實上，在與人交往的過程中，過於放縱自己的口舌之慾，只會給自己製造不必要的麻煩。從古到今，許多聖賢都明白這個道理，所以他們通常喜歡緘默守聲，即使有人向他們徵求一些意見，或者在特定的時候不得不發表自己的看法時，他們也懂說話不過的原則，生怕自己的口舌之快，會惹出一些禍端來。

關於「沉默是金」，有一個令人啼笑皆非的笑話：

古時候，有一位窮酸秀才行走於鬧市之中，突然看見地上有一塊分量不小的金子。於是他急步走上前去，用腳踩住，視左右無人，才蹲下假裝穿鞋，隨即將金子拾起來藏入袖子中。秀才自始至終都沉默無語，所以他順利地得到了金子，而沒有人與他爭搶。

回到家中，秀才的心裡還在竊喜：「如果剛才過於聲張，那麼這塊金子可能就與自己擦肩而過了。」於是他用毛筆在中堂寫了四個大字：沉默拾金。鄰居看到後，覺得「沉默拾金」十分怪異，就問秀才：「為什麼要在中堂寫這樣幾個字呢？」秀才便將「拾金」的過程，一五一十地說了出來，並且為此洋洋得意。

幾天之後，秀才「拾金」的消息就傳遍四鄉八里，前來認領的「失主」也是絡繹不絕。有的人哀求歸還，有的人耍橫強索，還有的人要求分成共用……秀才為此感到十分煩惱，也非常後悔自己沒能在「拾金」之後，管好自己的嘴巴。幾天之後，幾位來自衙門的差役，將秀才撿到的金子給沒收了，這才使得事情平息下來。

好好的一筆橫財就這樣得而復失了，秀才當然覺得十分鬱悶，他望著中堂上「沉默拾金」幾個大字，思索了片刻，然後再次拿起毛筆，將那四個字改成了「沉默是金」。

我們常說：「言多必失，沉默是金。」為什麼言多必失呢？我們可以從兩個角度來分析這個問題。第一，如果我們言語過多，那麼所用的時間與精力，就會側重於「說」上，這樣留給自己思考的時間與精力也就相對較少，所以語言的失誤率勢必有所增加；第二，從客觀上來說，我們每一個人都存在語言失誤的情況，如果按照機率來換算的話，「言」的基數越大，我們說話的失誤率也就越大。當然，在現實生活中我們不可能一直保持沉默，該說話的時候還是要說，只不過需要掌握一個「度」。凡事八句話能夠說清楚的，絕不說出十句話。有時候「少說話」也不見得是一件壞事，因為這樣會給別人留下足夠廣闊的想像空間。如果可能的話，不如做一個好聽眾、好觀眾，這樣無疑會贏得別人的好感與尊重。

有一個財主家喜得兒子，全家人都高興極了。滿月的時候，財主把孩子抱出來給客人看，自然是想討一點好兆頭，於是叫客人對孩子品評一番，說得好的將贈予價值不菲的珠寶。這時客人們開始爭先恐後地誇讚財主家的孩子。一位客人說：「這孩子將來要發財的。」於是他得到財主贈予的一隻手鐲；另一位客人說：「這孩子將來怕是要當大官的！」於是又得到財主的兩錠元寶；接著一位客人說：「這孩子將來是要死的。」他的話說完，並沒有得到財主的賞賜，反而激起眾人的大怒，得到大家的一頓痛打。

其實，無論說這個孩子發財還是說他做官，無非都是客套話，具體能不能實現，誰都沒有把握；而最後一個客人說的卻是實話，因為人總是要死的。但為什麼最後一個客人說了實話，卻落得個被暴打的下場呢？那就是他說話欠考慮了。我們在日常交談中，每說一句話之前，都應該先仔細考慮一下我們要說的話是否合適，千萬不要口無遮攔，想到什麼就說什麼，給其他人造成不快。

1說話應該分清場合

與人交談，最基本的原則就是分清場合，即使是最親密的朋友之間，說話也不能口無遮攔，不考慮聽者的感受。比如，在公共場所與別人聊天或者閒談的時候，最好不要對他人的個人狀況隨意地發出評論。再比如，有的人頭髮上可能存在一些頭皮屑，或者口氣比較難聞，或者在衣著方面有所漏洞，我們就應該盡量忍耐著不去想它，等到沒人的時候再告訴對方。如果我們直接告訴他，特別是在人比較多的場合，很容易讓對方處於尷尬的境地。

2說話也要因人而異

在與人交往的過程中，我們說話也要因人而異。因為對於不同的人來說，或許都有不同的忌諱，比如，女性一般不喜歡別人問自己的年齡，而男人一般不喜歡別人問自己的收入問題。所以在社交過程中，我們應該盡量避免。

3懂得適時地表達自己的態度

一味地沉默是一種消極的人生態度，所以，我們要選擇在恰當的時候沉默。在漫長的人生道路上，很多時候，到了「該出口時就出口」的地方，沉默就不再是金。所以我們的沉默也要恰到好處，到了該說話的時候，就要勇於表達自己的觀點，說出一些道理來。

4說話應該「收放自如」

一個人說話不能信馬由韁，而應該收放自如。當我們說的話言而有實，受人喜歡的時候，我們可以滔滔不絕；當我們言而無實，感覺到別人已經厭煩的時候，那就不如閉嘴了。一個人的能言善辯，應該建立在「以理服人、以言悅人」的基礎上；那些巧言令色者不分場合地點的「脫口秀」專家，是不會招人待見的！

總而言之，我們說話只是為了正確地表達自己的意見和思想，而不是為了胡亂發洩自己的情緒，逞口舌之快。一個成熟的人為什麼不會被嘴巴連累？因為他們懂得思考，懂得適時地閉嘴。

說話要顧及對方的面子，不可口無遮攔

在我們身邊，總有一些人快人快語，想說什麼就說什麼，永遠百無禁忌、口無遮攔。如果是在一個熟悉的環境裡，大家彼此都比較瞭解，知道這是你說話的風格，可能會覺得你是一個直率可愛的人；可是如果在一個相對陌生的環境裡，在不熟悉你的人群中，仍然快人快語、口無遮攔，就會令人生厭，甚至給自己造成一些不必要的麻煩。

我們每個人都不能保證自己心裡所想的、嘴裡所說的百分之百正確，而且每個聽話者的接受能力也存在各種差異。假如我們說話不講究方式、方法，總是口無遮攔，不分青紅皂白地亂說一通，那往往會帶來許多不良後果——輕則使人下不來台，重則可能造成彼此間的隔閡，遭人怨恨。

鄧肯是十九世紀美國最著名的舞蹈家和最富傳奇色彩的女性之一，她對待朋友十分熱情，同時在個性上又十分叛逆，這讓她成了反對傳統舞蹈和傳統婚姻的前衛人物。在她很小的時候，性格更是純真可愛，說起話來常常是直言不諱。

在一年耶誕節的前夕，鄧肯所在的學校舉行了一場盛大的慶祝舞會。老師在教室裡一邊分發糖果、蛋糕，一邊逗趣地說著：「小朋友們快來瞧一瞧，聖誕老公公給你們每個人都帶來了什麼精美的禮物？」

這時小鄧肯從自己的座位上站了起來，十分嚴肅地說：「這個世界上根本沒有聖誕老公公，都是老師和家長騙小孩子的。」老師聽到小鄧肯的這些話，雖然心裡很生氣，但還是克制住滿腔怒火，微笑著說：「只有相信聖誕老公公的乖孩子，才能得到這些精美的糖果喔。」

誰知道小鄧肯並不識趣，她撅著小嘴說：「我才不稀罕這些糖果呢！」老師一聽，終於忍不住勃然大怒。那堂課上，同學們都得到了屬於自己的糖果，只有小鄧肯被老師罰站，並且什麼也沒有得到。

小鄧肯年幼無知，童言無忌，或許還可以原諒，但在成年人的生活中，一些看似坦率的實話，有時實在沒有必要全部實說。因為我們在說話的時候，不能只圖自己的一時痛快，還應該顧及別人的感受，給別人留一點「面子」，時刻注重自己的說話方式，學會換位思考，多為別人著想。

假如你和幾個人聚在一起談論的是對方喜歡的話題，那麼對方自然會對你的話產生興趣，並且對你本人產生好感。沒有一個人不喜歡和自己意見統一的人交談，而且人們通常會把贊同自己意見的人當成朋友，從而願意主動與你站在同一陣線。就算你對某人的觀點不認可，也不要急於否定，而是應該先找出一些可以表示贊同的部分，給對方一個合適的臺階下，也為以後的對話創造出好條件。

張美茜今年三十八歲，和丈夫同為一家國營企業的員工。雖然兩個人的收入都不算高，日子過得一般，不過夫妻之間很恩愛，生活也算美滿幸福。張美茜有一個性格很外向的朋友叫小麗，她是張美茜高中時的同學。每到春節的時候，張美茜、小麗，還有許多以前的老同學，都會互相走動拜年。又到了一年春節聚會的時候了，一群老同學聚在一起東家長西家短地話起家常，聊得挺開心的。可是不知道什麼時候，一位同學突然冒了一句：「我們公司今年年終獎金發了五萬元，你們怎麼樣？」於是話題就開始變味了，誰家新換了大房子，誰的老公當上了總經理……席間，大大咧咧的小麗問了張美茜一句：「你老公還是那麼老實，只管技術也沒什麼發展啊。」張美茜尷尬地笑著，在同學們異樣的目光中，假裝一副無所謂的樣子，事實上她的心裡別提有多難受了。其實她也知道小麗可能是無心地問了那麼一句，可是她就是覺得難受。

一個人在說話的時候，千萬不要口無遮攔，想說什麼就說什麼；而應該多考慮自己說出來的話，會給對方造成什麼樣的影響。一個人不論能力的強弱、地位的高低，都希望自己的努力，能夠得到他人和社會的承認；一個人不論身處什麼樣的位置，也不論處於哪種情況之下，都希望能夠得到別人的尊重以及讚揚——這是每個人都擁有的心理需求。我們注意一下那些成熟而充滿智慧的人，他們說話通常都會顧及到別人的面子，即使有時候認為別人做得不夠完美，也不會直截了當地說出自己的看法。

哪怕是生活中一些微不足道的小事情，我們也應該學會說話，給別人留足面子，維護好和諧的氣氛。比如，有一天你去看望一位很久不見的老朋友，當主人十分熱情地拿出各種水果和零食來招待你時，可是你卻直言不諱地說：「我不喜歡吃，我沒有吃零食的習慣，對這些東西一點興趣都沒有。」這樣的說話方式不僅讓人感到掃興，而且還可能傷害主人的自尊心。其實，你的心裡完全能夠體會到主人的一片熱情和好意，既然如此，不如委婉地說：「謝謝，謝謝！多新鮮的水果，多高級的糖，只可惜剛吃完飯，沒有胃口吃了，太遺憾了！」

在與人交往的過程中，適當的交流是不可避免的。一般情況下，我們希望能從對方那裡聽到實話。可是在一些特殊的場合，實話實說可能會使人陷入尷尬的境地，甚至傷害他人的自尊。因此，實話是要說的，但要婉轉地說。這樣既表達了自己的態度，又不會破壞別人的好心情。

1學會轉移話題，避免尷尬的氣氛

在與人交談的過程中，我們可能會因為某些比較嚴肅或敏感的話題，使雙方陷入尷尬之中，甚至使交談無法順利地進行下去，這時可以暫時迴避一下，將話題轉移到一些輕鬆、愉快的話題上來，這樣既活躍了氣氛，又轉移了雙方的注意力。當然，我們也可以用一些幽默的話語來淡化那些嚴肅的話題，使原本僵持的局面重新活躍起來。

2善用假設，巧避鋒芒

有時候，與長輩或者上級辯論，你認定自己的觀點絕對正確，不想做出讓步，可是出於禮貌或無奈不能僵持不下，在這兩難的境地，就可以使用假設使自己解圍。比如，有一個學生和導師爭論學生能不能帶手機上課的問題。老師一口咬定絕對不能，學生很長時間不能說服老師，又見老師似有怒意，為了結束爭論，給老師一個臺階下，他巧妙地說：「如果老師說得正確，那我肯定錯了。」這本是一句廢話，它並沒有肯定老師的觀點，然而這位老師聽後卻不再爭執了。由於附加了假設條件，使表達變得婉轉，所以問話人、說話人和涉及的對象都能接受。

3假裝糊塗，化干戈為玉帛

如果在交談中觸及對方的隱私或者禁忌，通常會使雙方面臨尷尬，甚至是難堪的局面。這時候我們可以假裝「糊塗」，裝作不能理解對方的意思，或者對於他們的言語行為表示不予理睬。這樣做可以很好地緩解這種尷尬的局面，而且我們假裝糊塗，只是希望通過善意的「曲解」，將局面轉向更有利於彼此交談的方向。

在日常生活中，很多人辦事不順，或者與人交往失敗，都是由於說話方面的問題所導致的。很多人說話時口無遮攔，百無禁忌，結果讓談話的對象顏面掃地、勃然大怒，甚至心生怨恨。所以我們在說話之前，最好能夠先動一動腦筋，分清楚場合再說話，同時，說話還應該把握好分寸。其實，無論是閒聊還是探討問題，良好的氛圍才能使談話達成最終目的。

逢人只說八分話，不可全拋一片心

《菜根譚》中有這麼一句話：「逢人只說三分話，不可全拋一片心。」這是古人留給我們的醒世明言，其目的在於警告那些心不設防的「老實人」，不要將自己的內心完全裸露出來。然而在現實生活中，總不乏一些思想比較單純的人，他們在與別人交談的過程中，常常推心置腹，說起話來毫無保留，想到什麼就會一股腦兒地全部說出來，似乎不吐不快。他們覺得這樣做完全是出於對朋友的信任，同時也表現了自己的一番誠意。

殊不知，在這個社會上還有這樣一類人，他們總是喜歡興風作浪，唯恐天下不亂，總是喜歡誇大其詞，把別人的短處和隱私說得有聲有色。如果你十分不幸地遇到這樣一些意圖不軌、居心叵測的人，那麼你在無意中說出去的那些話，就可能被別人添油加醋，或者加以利用，最後遭殃的只會是你自己。有這樣一則寓言故事，正好說明了這個道理：

陽光十分明媚的一天，獅子把所有的動物召集在一起，它想讓動物們回答一個問題。首先，獅子把山羊叫了過來，問：「我是不是很臭啊？」山羊回答說：「是的。」獅子把它的腦袋咬掉了。接著，獅子又把土狼叫了過來，問了同樣的問題，土狼回答說：「不臭。」獅子又把土狼咬成了碎塊。最後，獅子把狐狸叫來問，狐狸說：「我感冒很厲害，聞不出來。」結果獅子放了狐狸一馬。由此可見，只會說大實話不見得是一件好事，而只會說好話奉承也容易遭殃，而只說「三分話」才是恰到好處的。

因此，與人交談的時候，「逢人只說三分話」的原則是十分受用的，把七分話保留下來，有備無患。可能有一些人會認為，自己是正人君子，沒有什麼是不能對別人說的，為什麼只說三分話呢？我們應該明白一個道理：真正的友誼是建立在沒有利益紛爭的基礎之上。如果在利益或者競爭關係中與人交真心、動真情，那麼最終收穫的只會是尷尬，甚至讓自己陷入一個十分危險的境地。這些都是人性的弱點，不是我們能夠輕易改變的。

大學畢業以後，安雅任職於一家廣告公司。作為公司裡的中級職員，收入也算不錯。在公司，安雅有一個非常好的同事兼朋友，名叫夢馨。平常不管有什麼話，安雅都喜歡對夢馨說。每逢週末她們還經常相約出去玩，彼此相處得非常融洽。

直到上個月，公司安排安雅與一個同事一起接待一個客戶，中途的時候，那個客戶塞給這個同事一個紙袋，說是給的「慰勞費」。同事當時猶豫了一下，但是也沒說不要，最後走的時候，還是把那包東西收到了包包裡。同事出來後，示意安雅不要將這件事說出去，因為這在公司的管理條例裡是大忌。可是，週日的時候，安雅和夢馨一起去喝咖啡，夢馨突然問她，是不是有個同事收了賄賂？因為她看見那個同事緊張兮兮地從辦公室出來。安雅起初並不想說，畢竟公司有明文規定，私下收取客戶禮物，一經發現，絕對是開除，而且自己也答應了那個同事。可是夢馨還是繼續追問，終於安雅忍受不了好姐妹的軟磨硬泡，開了口，一下子就把事情都說了出來。安雅反覆地對夢馨說：「這件事千萬不要讓別人知道了。」

結果第二天上班的時候，公司經理氣沖沖地把那位同事叫了過去，原來夢馨為了自己能夠得到經理的信賴與提拔，把安雅說的話全部告訴了經理。那位同事被公司開除了，臨走的時候，她惡狠狠對安雅說：「你真是一個卑鄙小人。」

我們都知道，心臟是最重要的人體器官，一旦遭到傷害，後果將不堪設想。所以在古代的戰場上，軍隊的將領們總是會將一塊銅製的護心鏡安放在厚厚的盔甲之上，這樣做是為了避免心臟遭受襲擊而危及自己的生命安全。與有形傷害相比，無形傷害更是人們難以防備和承受的。有的人性格比較直率，在和別人交談的時候，常常是掏心掏肺，從來不會保留分毫，只要想到什麼就會一股腦兒地全部說出來。這種內心不設防的人，在生活中最容易受到傷害。其具體表現在以下幾個方面：

1容易被小人利用

父輩們常常告誡我們：「害人之心不可有，防人之心不可無。」我們在向別人真誠地傾訴的時候，還應該多想想：你這樣掏心掏肺地對別人，別人有一天會不會真的掏走你的心肺？尤其是一些關鍵的計畫、心事與隱私，如果全盤地告訴給他人，很有可能成為別人攻擊或要脅你的利器。

2容易失去他人的信任

生活中，有的人可能會傻傻地認為，自己對別人百分之百地信任，沒有隱藏自己的一絲秘密，別人也應該以同樣的方式對待自己才對。可是現實的情況往往相反，別人不一定會因為你的「坦誠」而信任你，相反他可能會更加提防你。因為任何人只要稍微動一下腦子，就知道口風不嚴的你，隨時都可能將別人和你說的話到處傳播，這當然是不值得信任的。

3使好人揹負沉重的負擔

如果你將一個秘密告訴自己要好的朋友，他可能會因為你的信任而表示感激。可是在感激之後，他還要揹負保守這個秘密的責任，隨時隨地都要守口如瓶，生怕自己不小心會把你的秘密洩露出去。這種替別人保守秘密的責任，壓在別人身上實在太沉重了。更糟糕的是，假如你的秘密不知道為何走露了風聲（也許你還告訴了另一位朋友，也許只是別人的猜測巧合了），那麼這位朋友將為此揹上一個「莫須有」的洩密罪。所以說，那些聰明智慧的人，都知道保密的責任過於重大，因此，不會輕易地將自己的秘密隨意傳播。

4使自己失去個人魅力

我們常說：「距離產生美。」一個人最大的魅力，可能就是保持一份神秘感。很多影視明星在面對「狗仔隊」的時候，之所以會選擇躲躲閃閃，主要原因就是為了不讓自己的神秘感曝光，從而激起更多「粉絲」的喜愛和熱情。如果一個人總是讓人一覽無遺，就像一本內容淺白沒有韻味的書，是激不起別人的閱讀興趣的，因為他已經失去了個人魅力。

5容易引起他人的懷疑

不要以為你對別人掏心掏肺，別人的心裡就會對你毫不設防。相反，由於你的過於坦誠，別人可能會在心裡產生許多的懷疑——為什麼要對我說這些？是不是也想套出我的一些秘密？是不是有求於我……社會是複雜的，如果一個人說話總是那麼掏心掏肺，的確容易引起他人的懷疑，這是無可厚非的。

6容易產生不必要的惡果

我們都不敢保證自己小時候沒有做過什麼錯事，比如，偷過別人的錢、暗地裡搞過小破壞等，這些事情過去了就過去了，汲取教訓就行了。如果一定要拿來和自己的丈夫（妻子）或好友說，就可能給自己造成一些不必要的後果。也許對方會不由自主地聯想到：沒有想到你原來竟是這樣的人，看來……就這樣，愛情漸漸地遠去了，友情也漸漸地淡漠了。

古人云：「逢人只說三分話，不可全拋一片心。」這裡所說的「三分」，其實並不是一個具體的數字，而是教我們說話不要過於掏心掏肺，只說「三分」就好。不過在現代社會可能行不太通，因為城府過深、不可捉摸的人，並不受到這個社會的歡迎。

如果用八分哲學來解釋古人的話，那就是：「逢人只說八分話，不可全拋一片心。」當然，這裡的「八分」，同樣是一個不具備數學意義的模糊數字。與說「三分話」相比，說「八分話」並不是狡猾和不誠實，而是一種修養，是對人性的更加樂觀、對自己的足夠自信以及對世界的更加真誠。現今社會的人情世故，本就是是非非、恩怨不斷，我們更應該學會謹言慎行，這樣才不會給自己招惹一些不必要的麻煩。

說話要恰到好處，以尊重別人為原則

中華民族是一個講究「中庸」的國家，不管什麼事情都力求做到不偏不倚、恰到好處，與人談話更是如此。俗話說得好：「口利似劍，禍從口出。」在與人交往的過程中，我們可能因為一句話說得不夠恰當，就給自己招來禍端，這並不是什麼罕見的事情，它們隨時都在我們身邊上演。正因為如此，我們說話的時候，應該時刻保持小心謹慎，特別是在面對重要的人物，或者做出重大決定時，說話要恰到好處，點到即止。

有一位哲人曾經指出：我們說話應該像廚師燒菜一樣，懂得如何掌握火候，要根據時間、場合、人物的不同而發生變化，只有這樣把事情辦得恰如其分，才能把話說得恰到好處。如果一個人說話過於死板，或者說得天花亂墜，最終只會使自己吃虧。正所謂：「世事洞明皆學問，人情練達即文章。」很多擁有大智慧的人，無論說話還是辦事，都講究一個「度」。這個「度」就是恰到好處。如果想讓自己在激烈的社會競爭中處於不敗之地，那麼就一定要學會在傾聽與回應、幽默與玩笑、讚美與批評、說服與勸導、辯解與圓場、拒絕與答覆、問話與答話中，掌握這個「度」，這也是八分哲學的奧妙所在。

林百強在社區裡十分出名，原因是他有一張很不會說話的嘴。別人在說起林百強的時候，總是感歎：這年輕人長得挺機靈，就是拙嘴笨舌的。例如有一天早上，上司剛一進辦公室，林百強就發現上司的頭髮特別烏黑發亮。他想存心拍拍上司的馬屁，就讚美道：「啊呀，主任今天用了什麼法寶？頭髮特別亮，人也很精神，像換了個人似的。」上司有些尷尬，哈哈兩句就走了。過了一會兒，同事告訴林百強，上司戴了假髮。這讓林百強後悔不已。還有一次，林百強到外面辦事回來，在部門裡看見一個很成熟的陌生男人，來找他們辦公室裡最漂亮的小美。他想，這個人年紀一大把了，肯定是小美的父親，就幫著搬椅子招呼。男人走後，他對小美說：「你爸雖然年齡大了，風度還挺好，難怪你這個女兒這麼漂亮。」小美臉紅了：「那是我男朋友。」林百強頓時尷尬得無地自容。還有一天晚上，林百強和妻子一同去醫院探望住院的老丈人。他拿著好多水果走進病房，對老丈人噓寒問暖的，這讓老丈人十分高興。過了一兩個小時，時間已經不早了，老丈人便讓他們早點回家，明天還要早起上班呢。林百強心想難得來看看老丈人，還是多陪陪老人再走吧，於是脫口而出：「上個星期帶兒子去動物園看猴子，都不止這麼一會兒呢！」這句話把老丈人氣得血壓上升，而他自己卻沒有知覺。

很多時候就是這樣，我們雖然說的是事實，並且是真心實意地對別人好，但是由於說話方式不恰當，往往會造成相反的結果。那麼，到底怎樣才能把話說得恰到好處，讓別人很愉快地接受我們的好意呢？這就需要我們稍微動一下腦筋，好好研究一下，說話恰到好處的原則有以下幾點：

⑴我們首先應該明確一點，那就是每個人都有表現的慾望，同時也有被發現、被認同、被讚賞的渴望。如果我們在與人交談的過程中，只是談論自己的

話題，只知道對自己的事情津津樂道，而對他人的表現漠不關心，對他人的事情毫不熱情，那麼在別人的眼裡，你可能就會留下自吹自擂、自我陶醉的不良印象。

(2)對話，是人與人之間最好的交流方式。如果我們把對話變成一個人的獨白，那麼就算你講得繪聲繪色、精彩絕倫，也同樣不會獲得別人的掌聲與喝采。一次成功的交談，應該像一場接力賽，每個人都是集體接力的一員，既要接好棒，又要交好棒——當接力棒在自己手上時，我們應該竭盡全力地跑好；當接力棒傳遞到他人的手上時，我們也不要忘記給別人鼓掌與喝采。

(3)在與人交談的過程中，由於每個人的社會閱歷不同，對待事物的認識也不盡一致，所以就算出現一些分歧與碰撞，也是一件十分正常的事情。假如你足夠明智，就不會盲目地排斥對方，而是選擇大度寬容。就算他人的觀點與你不盡相同，你也可以說服對方，或者求同存異。有一句古話叫：「智者千慮，必有一失；愚者千慮，必有一得」。如果我們能夠集思廣益、取長補短，就能夠使我們增長智慧，並且贏得人心。你可以想像一下，當一個人發現他人與自己的觀點不同時，就急切地進行解釋，甚至在別人面前比手畫腳，也許他的目的只是想與他人好好溝通，可是種種表現只會讓別人覺得他是一個狹隘偏激的人。

以上三點讓我們看到了恰到好處的說話原則，也警醒我們在現實交往中，說話千萬不能大意，在話尚未說出口之前，首先要想一想，怎樣才能讓別人明白你的意思，還要讓他願意聽。當然，我們說話不能過於繁瑣，對於別人不想聽到的話，最好還是緘默不言為好。

在中國民間流傳著這樣一則故事：說的是明朝時期，朱元璋在南京風風光光地做了皇帝之後，從前的一位窮朋友特意從鄉下跑到南京求見朱元璋。見面時，這位窮朋友說：「我主萬歲！當年微臣隨駕掃蕩廬州府，打破罐州城，湯元帥在逃，拿住豆將軍，紅孩兒當關，多虧菜將軍。」朱元璋聽完他的話，心裡很感動，也回憶起了當年的一些事情。於是立刻封他做了大官。不久之後，這個消息讓另外一個窮朋友聽見了，他也效仿前者，去找朱元璋。

和朱元璋一見面，他就直通通地說：「我主萬歲！還記得嗎？從前，你我都替人家看牛。有一天，我們在蘆花蕩裡，把偷來的豆子放在瓦罐裡煮著。還沒等煮熟，大家就搶著吃，把罐子都打破了，撒下一地的豆子，湯都潑在泥地裡。你只顧從地上滿把地抓豆子吃，卻不小心連紅草葉子也送進嘴裡。葉子哽在喉嚨口，苦得你哭笑不得。還是我出的主意，叫你把青菜葉子放在手上一口吞下去，才把紅草葉子帶下肚去了……」

這一席話讓朱元璋很惱火，他嫌這位朋友太不會顧全面子了，於是不等他說完就連聲大叫：「推出去斬了！推出去斬了！」這位天真率直的窮朋友就這樣被殺了，官也沒做成。

上面案例中的兩個人都是朱元璋的朋友，他們所說的都是當年的事情，可是為什麼卻得到了截然不同的兩種待遇呢？原因就在於兩個人的說話方式不同。只有掌握恰到好處的說話原則，才能達到我們的預期目的。在現實生活中，我們與人交往也是同樣的道理——談話的目的，不僅僅為了取悅對方，而是希望能夠更好地達到交流的目的。

蘿拉是美國一位前總統的女秘書。根據她的回憶，有一次她列印的檔案出現了錯誤，那位總統是這樣批評她的：「你這件衣服很漂亮，你真是一位迷人的小姐。只是我希望你列印檔案時注意一下標點符號，讓列印的檔案像你一樣可愛。」蘿拉對這次批評印象非常深刻，從此列印檔案很少出錯。

這位美國前總統的確很會說話，如果換成別人，可能會用一種盛氣淩人的口吻呵斥蘿拉：「這是怎麼搞的！連標點符號都搞不清楚，虧你還是知名大學畢業的！」這樣說話只能讓對方反感，而且也不能達到糾正對方錯誤的目的。我們不如學習那位美國前總統，說話委婉、客氣一些，這樣不僅能讓對方欣然接受，同時也能體現出自己的好修養、好氣度。

每個人都有自己的自尊，每個人都渴望獲得他人的尊重和讚譽。如果你是一個足夠聰明的人，肯定知道所謂的「說話要恰到好處」，是以尊重他人為基本原則的。我們想要獲得別人的理解和尊重，就應該先理解和尊重別人。

懂得傾聽，給別人說話的機會

在現實生活中，每個人都有傾訴的慾望，尤其在彼此的地位平等的時候，有的人說起話來總是滔滔不絕，就像高山瀑布一樣，嘩啦啦地永遠停不下來。這樣自顧自地說話方式，難免會剝奪對方說話的機會，所以在很多時候，完全是在聽他人說話。其實，在與人交往的過程中，我們除了學會說話的藝術，還應該懂得傾聽，因為傾聽能夠體現出自身的素養，而且認真地傾聽別人講話，也是對說話者最起碼的尊重，人們往往把忠實的聽眾視作可以信賴的知己。

知道人為什麼只長了一張嘴巴卻有兩隻耳朵嗎？那是在告訴人們：要多聽聽別人在說什麼。人們生活在這個世界上，需要認識他人，需要瞭解事物的真相，當然不能只靠一雙眼睛。對於那些肉眼看不見的東西，我們只能通過耳朵去瞭解，只有這樣才能更好地避免認識上的偏差。換句話說，我們與世界、與他人溝通的時候，除了用自己的嘴巴訴說，還應該用耳朵去傾聽，這樣才能從他人那裡獲得不同的想法，以避免主觀偏見。

一個善於傾聽的人，其理解能力和溝通能力也表現得更強。如果你願意作為一名傾聽者，當你面對一個有話想說的朋友時，他通常會感到你是理解他的，並且會為了他的成功而感到喜悅。當你表情凝重而專注地面對一位因失戀而愁眉苦臉的人時，他會感到你能理解他此刻的痛苦，就算你不能給他很好的建議，也不能幫他重新獲得愛情，可是因為你的耐心傾聽，讓他得到了一絲心理上的安慰，他也會因此對你感激不盡的。

在尼爾看來，馬庫斯是他見到的最受歡迎的成功人士之一。平時馬庫斯總能受到朋友的邀請，時不時就會有人邀請他共進晚餐、參加化妝舞會、擔任一些慈善組織的發言人、打高爾夫球或網球等。這讓尼爾很羨慕。

有一天晚上，尼爾碰巧到一個朋友家參加一次小型社交活動。他發現馬庫斯和一個漂亮的女孩坐在一個角落裡。出於好奇，尼爾遠遠地注意了一段時間。尼爾發現那位年輕的女士一直在說，而馬庫斯好像一句話也沒說。他只是有時笑一笑，點一點頭，僅此而已。幾小時後，他們起身，謝過男女主人，走了。

第二天，尼爾見到馬庫斯時禁不住問道：「昨天晚上我在斯旺森家看見你和最迷人的女孩在一起。她好像已經深深地愛上你了，你是怎麼吸引她的注意力的？」

「很簡單。」馬庫斯微笑著說。原來，昨天晚上斯旺森太太把喬安介紹給馬庫斯，他只是對她說：「你的皮膚看起來真是漂亮，即使在冬季也這麼吸引人的目光，能告訴我你是怎麼做的嗎？你去哪呢？阿卡普爾科還是夏威夷？」

「夏威夷。」她說，「那裡的日光浴簡直太棒了，每天都是藍天白雲，真是風景如畫的地方。」

「你能把一切都告訴我嗎？」馬庫斯說。

「當然。」喬安回答。於是他們找了個安靜的角落，接下去的兩個小時，喬安一直在對馬庫斯談夏威夷。

「喬安今天早晨還給我打電話，說和我待在一起的感覺真好，她很想快點再見到我，因為我是她見過的最有意思的談伴。但說實話，我整個晚上沒說幾句話。」馬庫斯很坦誠地對尼爾說。尼爾還是很疑惑，馬庫斯受歡迎的秘訣到底是什麼呢？其實很簡單，馬庫斯只是讓喬安談自己。他和每個人交談的時候都是這樣，給對方說話的機會，「請告訴我這一切。」這樣簡單的一句話，就能夠讓一般人激動好幾個小時了。人們之所以會喜歡馬庫斯，就是因為他懂得如何傾聽他們說話。

現實的情況就是如此，我們每一個人都存在這樣的心理需求——渴望被別人尊重，渴望得到別人的重視。那麼受到別人重視的最基本條件是什麼呢？當然就是願意認真地傾聽對方說話。如果你覺得足夠理解自己的朋友，那麼就捫心自問一下：「我能夠認真地傾聽朋友說話嗎？」就算對方所說的是一些平淡無奇，甚至毫無意義的庸人之語，可是對於說話者而言，那也是極其重要的。

著名的記者伊斯阿克・麥克遜，曾經採訪過世界上的許多名人，他成功的秘訣就是善於傾聽。伊斯阿克・麥克遜認為，很多人之所以不能給別人留下很好的印象，是因為他們不善於傾聽。世界上許多名流的經驗告訴我們：那些善於傾聽別人說話的人，總是受到大家的喜歡，而培養傾聽的習慣，就像培養優秀的品質一樣重要。

所以，從現在開始，我們不要只關心自己說些什麼，而應該學會傾聽對方的話語。我們在認真傾聽的時候，最好也能夠讓對方感受到我們樂意當一名聽眾。這樣不僅能夠鼓勵對方繼續說下去，與此同時，還可以集中自己的精力，從而使傾聽達到最佳效果。你還可以通過以下這些方法來做到最好的傾聽：

1傾聽的時候，不要忘了用目光進行交流

我們在傾聽別人說話的時候，最好能夠用眼睛正視對方。因為只有那些傲慢、虛浮，或者缺乏勇氣、不自信的人，才不敢和別人進行目光交流。所以，無論我們的地位和身分如何，都必須重視目光的交流。

2傾聽的時候，要用肢體語言配合講話者

我們在傾聽對方說話的過程中，可以適時地點一下頭，或者欠一下身子，這樣做是為了不讓對方以為我們睡著了，而是在仔細地聽他說話。不過肢體動作千萬不能過大，這樣對方會認為你是在故意搗亂，或者會分散了對方的注意力。

3對於重點詞句進行重複溝通，從而達到最好的傾聽效果

如果談話者說出的觀點，你表示很贊同時，就應該積極地做出回應。比如，對方說日本的櫻花很美的時候，你可以說「確實很美」之類的話。這樣不僅讓對方知道你在聽，而且也說明你知道他要表達的是什麼意思。

4傾聽時，用語言配合對方，是對別人最大的尊重

我們在傾聽的同時，還可以簡單地說一些表示自己態度的話，比如，「是的」「簡直太好了」「真的嗎」。我們也可以通過問問題的方法，鼓勵對方繼續說下去，這些小小的舉動，都能表明我們對對方的談話很留心。但是，在對方把話說完之前，我們千萬不要把對方的話搶過來說，這樣是非常不禮貌的。

5讓對方知道，你理解他的意思

很多談話者都會擔心對方沒有聽懂他的意思，尤其在說到一些重要的事情

的時候。這時，我們可以對他談話的要點進行適當的解釋，藉此來說明我們已經理解了他說話的意思，他已經把話說得很清楚了。

英國心理學家傑克・伍德說：「傾聽是我們對別人最好的一種尊敬，很少有人去拒絕接受專心傾聽所包含的讚許。」的確，懂得傾聽能夠幫助我們贏得好人緣，更能夠顯示出我們的涵養和高貴。做一個好的傾聽者，鼓勵他人談論他們自己和他們所知道的一切，這樣你會在人際交流中受到更多人的喜歡。

即使能做到，也不輕易許下承諾

在這個複雜多變的社會裡，那些聰明睿智的人，都會注意承諾這個細節。他們不會輕易地去承諾一件事情，即使能做到也不會輕易地許下承諾。還有另外一些人，他們通常把握不了承諾的分寸，在很多時候輕易草率地許下諾言，不給自己留下絲毫的餘地，可是由於事物的發展存在各種不確定性，他們許下的諾言不一定能夠實現，這樣便失去了自己的信譽。

張志磊是某大學的系主任。有一次，他拍著胸脯對系裡的青年教師許諾說，絕對能讓他們中半數以上的人評為優等。為了兌現自己的承諾，張志磊開始四處奔波找關係，可是當他向學校申報時，卻出了問題——學校不能給他那麼多的名額。他據理力爭，跑得腿酸，說得口乾，最後還是解決不了問題。張志磊覺得自己承諾的事情就一定要辦到，所以他一面努力爭取，一面硬著頭皮對系裡的青年教師說：「放心，放心，我既然答應了，一定要做到。」

一段時間過後，考核評定情況公布了，大失所望的青年教師把系主任張志磊罵得一文不值。甚至還有人當面指著他說：「張主任，我的優等呢？您答應的呀！」張志磊只得尷尬地笑笑，然後黑著臉走開了。學校裡的教務主任也批評張志磊是「本位主義」。從此以後，張志磊在系裡信譽掃地，時不時地還有人拿這件事嘲笑他。

事實上，張志磊完全可以把名額的問題明明白白地告訴大家，並且把每次努力爭取的情況跟大家說清楚，最後再表示自己誠懇的道歉。這樣一來，就算有的人一開始會責怪他的信口開河，可是也會諒解他的，因為他確實已經盡力而為了。生活中像張志磊這樣的情況並不少見，面對別人的請求，我們能夠幫助自然是好事，但我們向別人承諾的同時，也應該想一想：我們一定能夠兌現自己的承諾嗎？許下的諾言是否能夠得以實現，除了取決於主觀的努力以外，還可能被客觀條件所左右。因此，我們在工作與生活中，不要隨隨便便就許下諾言。許諾的時候也不要拍著胸脯，斬釘截鐵地把話說死，而應該懂得運用八分生活哲學，給自己留下一點餘地。當然，我們給自己留下餘地，不是為自己不付出努力而找的一個藉口，而是為了不讓對方因為期望過高而最終失望。

周光武和李志明是從小玩到大的好朋友，兩個人的關係一直很好。最近李志明的新房要裝修，周光武經常跑到李志明那裡幫忙，購買一些裝修材料什麼的。

有一次，周光武在看到李志明做泥工的時候，突然心血來潮，問李志明要不要做木工。李志明看到家裡剛好要吊項，就問周光武：「你還會做木工啊？」

周光武原來也幫別人家裡裝修打過下手，當時覺得木工沒多難，還挺有意思的，就不以為然地說：「那有什麼難的，你就不用管了，全交給我好了！」

於是，李志明就將吊頂框架的工作全部託付給了周光武。但是木工並不像周光武想的那麼簡單。以前他只是幫別人打下手，別人讓他怎麼做就怎麼做，但現在全由他負責，他就不知道從哪兒下手了。施工圖都沒畫，他就開始往牆上鑲釘子框，結果鑲好了才發現，每一行都對不齊，還要拔下來重新釘，弄的滿牆都是窟窿；連基本的木工準則都不知道，吊頂龍骨裝了拆、拆了裝的，原本計畫好十天的工期，結果半個月過去了還是毫無進展。

最後周光武實在撐不下去了，不得不向李志明道歉，讓他請一個真正的木工來施工。李志明倒是很大度，沒說什麼，但是從此以後，就再也不敢輕易地讓周光武來幫忙了。

很多時候，我們為了顯示自己的友善或者因為面子問題，總是會輕易地向別人許下諾言。但是我們並沒有注意，如果我們不能保證自己能完全做得到的話，那麼結果反而比不答應別人更糟糕。再退一步講，就算我們擁有幫助他人的實力，最好也不要輕易許諾，因為沒人能夠預料到未來的情形。即使我們最有把握的事，也有出現偏差的可能。而當偏差一旦出現，再回頭說「實在不好意思，當初我沒想到」，恐怕於情於理都是說不通的了。

著名作家巴爾扎克說過這樣一句話：「如果你要想成為一個有出息的人，那就把諾言視為第二性命，遵守諾言就像保衛榮譽一樣重要。」我們知道，「言而有信」是一個人為人處世、安身立命的根本所在。對於承諾，當然不可信口開河、隨意許之。所以，我們在承諾別人的時候，一定要注意以下幾個方面：

1對於自己沒有太大把握的事情，不要保證性地承諾

有的事情你並沒有百分之百的把握，這時候就應該把話說得靈活一些，千萬不要斬釘截鐵地拍著胸脯答應別人，這樣只會使自己沒有伸縮、迴轉的餘地。相反，給對方一些彈性的承諾，比如，「盡力而為」「盡可能」「盡最大努力」等較為靈活性的字眼。

2任何事情都要量力而行，不要把話說得太滿

當別人求我們幫忙的時候，我們首先應該考慮自己的能力，如果這件事情超出了自己的能力範圍，那麼就要清楚明白地告訴別人，自己實在是無能為力。記得千萬不要打腫臉來充胖子，勉強自己答應別人，這樣做的後果只會害了別人，同樣也讓自己吃苦。我們知道，如果承諾了別人，就一定要想方設法做到，如果許諾超出了自己的能力範圍，那麼最後事情辦砸了，不僅使對方受到傷害，同時也會毀壞自己的聲譽，使自己的誠信受損。

3對時間跨度較大的事情，可採取延緩性承諾

很多事情，當時的情況可能很肯定，可是由於時間長了，情況就可能發生變化。因此，我們在承諾的時候，可以把兌現承諾的時間延長一些，給自己留下緩衝的時間。比如，有一位員工提出要求，希望老闆可以給自己加薪，這時候老闆可以說：「如果到了年底的時候，公司的經濟效益更好一些，到時候公司肯定考慮給你加薪。」用「年底」一語來延緩兌現承諾的時間，既顯得合情合理，又留下了一絲餘地。

古代有一句名言：「息爭強好勝的急促之心，不逞無用匹夫之勇。」我們在這裡強調的是不要草率地許下承諾，並非是一概不許諾，而應該在許諾之前好好地思考一下，盡量不要說一些絕對保證性的話，給自己留一點餘地。可是

你一旦許下諾言，就算是付出再多的代價，也應該盡力去實現。如果的確超出了自己的能力範圍，那麼也應該及時地向對方解釋清楚，請求對方的諒解，只有這樣才能取信於人。

Chapter 3

社交中運用八分哲學：
放人一馬，
忍讓二分的人不是懦夫

不要把表現的機會只留給自己

喜歡「自我表現」似乎是人類的天性，根據管理學家馬斯洛的「需求金字塔學說」：一個人在滿足了自身的溫飽問題之後，就會開始追求更高層次上的東西。每個人都希望得到尊重，這其中又包含了一個人的自尊、自重，以及來自他人的敬重。比如，有的人總是希望自己可以擔任較為複雜的工作，並且想要做得比別人都出色。他們希望通過表現自我的方式，得到他人的認同以及高度的評價，從而獲得一定的成績與榮耀，也獲得心理上的滿足感。隨著現代社會的不斷發展，每個人都面臨著巨大的就業壓力，同時也希望自己可以脫穎而出，擁有屬於自己的人生舞臺。這是適應激烈挑戰的必然選擇。但是如果一味地為「表現」而表現，事事爭先，以至於大包大攬，不計後果地去爭強好勝，這樣就很容易引起別人的反感，從而使自己的人際關係產生危機，甚至和許多機會擦肩而過，使本來應該輝煌的人生之路變得無光，反而和表現自己的初衷背道而馳了。

溫庭筠是唐代著名的詩人和詞人，他的聰穎才思從小就很突出。據說只要他把手交叉八次，就可以做出一篇八韻的賦來，人們因此叫他「溫八叉」。按理說，這樣一個才思敏捷的人，早就應該金榜題名、平步青雲了，可是溫庭筠多次進京趕考，卻始終沒有中第，這又是為什麼呢？

原來，溫庭筠有一個「助人為樂」的習慣。每次參加科舉考試的時候，別人對那些試題都要苦思很久，可他卻能在頃刻之間完成。剩下的時間，他也不肯閒著，就開始幫助左鄰右舍的考生，替他們把卷子一一做完。那些考生自然對他感恩戴德，但卻引起了主考官的不滿，多次將他剮落。後來，溫庭筠「助人為樂」的習慣越傳越遠，使得人人皆知。每次考試的時候，主考官就命令他必須坐到自己面前來，親自看著他。溫庭筠對此不滿，還大鬧了一場。可即使這般嚴防，溫庭筠還是暗中幫了八個考生的忙，自然，他自己又是名落孫山了。

屢次科舉考試都沒有中第，這讓溫庭筠漸漸地對科考失去了興趣。他投到遠相令狐綯的門下去做幕客，替遠相代筆寫些公文、詩詞。由於溫庭筠才學出眾，令狐綯很是看重他，並且給他十分優厚的待遇。可是溫庭筠卻恃才自傲，很看不起令狐綯。有一次，皇帝心血來潮，特別賦詩一首，其中一句有「金步搖」，讓朝中的大臣們作對。令狐綯挖空心思想了好久，還是對不出來，於是去請教溫庭筠。溫庭筠告訴他可對「玉條脫」。令狐綯不解其意，溫庭筠就說：「『玉條脫』的典故來源於《南華經》，並不是什麼生僻的書，你在公務閒暇之時，也應該多看點書才是。言下之意，就是譏諷令狐綯不讀書，使得令狐綯暗生心結。不過，惜才如命的令狐綯並沒就此事與溫庭筠翻臉，仍然以禮相待。

直到後來有一次，令狐綯為了討皇帝的歡心，就讓溫庭筠為自己代做了十幾首《菩薩蠻》，以自己的名義獻給了皇帝，還專門囑託溫庭筠不要將此事聲張。可是誰曾想到，溫庭筠當面滿口答應下來，轉過臉就將此事傳得人盡皆知，讓令狐綯很是難堪。因為這件事情，令狐綯開始疏遠溫庭筠，最後斷絕了一切來往，實在令人惋惜。

到了晚年的時候，溫庭筠官任國子助教，這期間還主持過一次國子監試。由於他處處標新立異，總愛表現自己，有些舉措難免會觸犯將相權貴的利益，這樣就為自己招來了滅頂之災。國子助教沒做多久，溫庭筠就被貶為方城尉，離京城甚遠。曾經是人們交口稱讚的風流才子，如今卻落得如此窘境，溫庭筠終日鬱鬱寡歡，沒過多久就病死於床榻之上。

在社會交往中，如果我們處處顯露自己的才華，很可能會阻礙別人的道路，也會給自己招致災禍。因此，無論什麼時候，我們都不要過多地表現自己，而要多給他人表現的機會。就算是我們應該表現的地方，也要留下二分，只有藏鋒斂才，才能讓自己得到更長遠的發展。

其實，我們在與人交往的過程中，適度地表現自己是很正常的事情，可是不要只把表現的機會留給自己，也要給他人一些表現的機會，這樣才會讓他人得到足夠的重視與尊重。正如美國現代成人教育之父卡內基所說：「如果你不同意他人的意見，你或許會立刻插嘴，但最好不要這樣，這樣做沒什麼好處。當他人還有許多意見要發表的時候，他是不會注意到你的。所以，你需要忍耐，需要耐心地傾聽他人的談話，並誠懇地鼓勵他人發表意見，直到說完。」無論是在日常社交中，還是在商業談判中，我們都應該想方設法，把表現的機會讓給他人，這樣不僅能夠給予他人足夠的尊重，還能夠使他人對你產生更多的好感，從而為成功奠定更堅實的基礎。

羅伯特是一名出色的銷售員，他的公司主要生產洗潔用品。有一次，紐約最大的保潔公司要採購一年中所需要的洗潔用品。對於這筆大業務，有三家著名的生產廠家都做好了樣品，想要爭取這個訂單。

保潔公司的負責人看過這三家公司的樣品之後，便向這些廠家發出了邀請信，約定好時間讓廠家各派出一位代表，進行最後的商談與競爭。當時，羅伯特被廠家選為代表，前去參加這次競爭，可事不湊巧，他當時身患嚴重的感冒，最後還引發了咽喉炎。

當輪到羅伯特去見保潔公司的負責人時，他嗓子啞得厲害，幾乎無法發出聲音。他被引進一間辦公室，與保潔公司的代表面談。他站起身來想要努力說話，但他只能發出沙啞的聲音。在情急之下，羅伯特只能用筆在紙條上寫下這幾個大字：「諸位，真對不起，我嗓子因為重感冒啞了，現在無法發出聲音。」羅伯特說的是實話，自己的嗓子沙啞，還隱隱作痛。可是為了公司的利益，他還是前來洽談了。這一點讓紐約保潔公司的經理十分感動，於是對他說：「我來幫你說吧。」這位經理十分熱情地替羅伯特講解，然後將他帶來的樣品一件件拿了出來，並且稱讚它們的許多優點。就這樣，參加會議的人開始圍繞著羅伯特帶來的樣品活躍地討論起來。因為那位經理現在是在幫羅伯特說話，所以在討論中他一直在為羅伯特的樣品辯護。對於那位熱情經理的幫助，羅伯特時不時報以微笑或者點頭。有一次，經理說到精彩之處，羅伯特還按捺不住心裡的激動，為他豎起了大拇指。會議結束後，結果可想而知，羅伯特爭取到了那筆巨額的訂單，為公司創造了可觀的利潤。對於羅伯特的成功，公司非常高興地表揚了他，並將他提升為銷售主任。可是羅伯特自己心裡很清楚。如果不是因為自己的嗓子壞了不能說話，他很可能與那筆合同擦肩而過，因為在參加會議以前，他的所有思路都是不正確的。如果自己的嗓子沒有壞掉，他肯定會像一個演說家一樣，對自己的樣品讚不絕口，而這種凡事以自我為中心的演說方式，肯定難以打動他人，最後也就錯失了那筆業務。對於羅伯特來說，這真是一次很受用的經歷。現在他終於明白了一個道理：很多時候，我們都應該把表現的機會留給他人，而這對於我們來說，也是一件很有益的事情。

總之，我們不要把表現的機會只留給自己，而應給他人更多的表現機會。只有這樣才能讓他人更信服於你，也更有利於你走向成功。

退一步，會有另外一種風景

每個人生活在這個紛繁複雜的世界裡，每天都和不同的人來往，有時候因為一些小事情發生一點小小的摩擦，也是很正常的事情。面對這樣的情形，如果我們只知道疾惡如仇，得理不饒人，最終的結果只能是弄個魚死網破，搞得兩敗俱傷。如果我們懂得八分滿幸福學，在任何時候都不做出過激的行為，那就會「忍一時風平浪靜，退一步海闊天空」。

一位外國學者曾經說過：「會生活的人，並不一味地爭強好勝，在必要的時候，寧肯後退一步，做出必要的自我犧牲。」退一步，並不是人們所說的屈服或者投降，而是一種隱忍的妥協、一種修養的策略，也是一種息事寧人的智慧。我們來到這個世界上，最主要的目的就是學會生存，而生存靠的並不是意氣用事，而是一種絕對的理性。

那些被鐫刻在中國歷史上的英雄豪傑、仁人志士，他們沒有一個是不能忍的——司馬遷之所以能夠寫下「史家之絕唱，無韻之離騷」的《史記》，正是因為他忍下了宮刑之辱；韓信之所以能夠成為一代名將，為漢室江山立下汗馬功勞，也是因為他忍下了胯下之辱；越王勾踐之所以能夠實現復國的宏願，成為春秋時期的一代霸主，同樣是因為他忍下了降吳為奴之辱……這些史實讓我們明白，即使再生氣也不會使憂愁煙消雲散，即使再惱怒也不會使春風化為雨露，可是退一步往往會有不一樣的風景，會是另一番天地。

在加拿大的魁北克有一條縱橫南北的山谷，這個山谷看起來很平常，唯一不同的是，在它的西坡上長著各種各樣的樹木，可是東坡卻只有雪松一種。這可真是一件奇異的事情。為什麼會出現這樣的景觀呢？人們在一場暴風雪裡找到了答案。原來，這個山谷擁有十分特殊的構造，加上這一帶的風向也很特別，所以每到下雪的時候，東坡的雪總是會比西坡的雪來得猛烈，用不了多久，雪松的樹枝上就堆積一層厚厚的冰雪，當冰雪的重量超過一定範圍時，雪松柔軟的樹枝就會自動往下彎曲，上面的積雪就紛紛地滑落了。可是其他的樹就沒有這樣的本事，很多樹木的樹枝都很堅硬，最後壓在上面的積雪越來越厚，只能將其壓斷為止。由於西坡的雪量較小，所以還是有一些樹木熬過來了，比如，柘、柏和女貞之類的樹木。

事實上，在與人交往的過程中，我們也應該學會主動退讓一步，就像雪松一樣懂得彎曲一下身軀。人生的道路是變化無常的，當你遇到困難走不通時，或許退一步就會海闊天空。當然，如果你在事業上如日中天，也要學會謙讓幾分，把自己的榮耀分給別人一些，不要因為自己的成就而驕傲自滿，甚至得意忘形。我們應該學會伺機而動，該進的時候要進，該退的時候一定要退，這便是大丈夫能伸能屈的作為。事實上，退一步並不是所謂的懦弱自欺，而是一種隱忍、豁達的心境。

有一段時間，某位批評家對詩人歌德的作品發起了猛烈抨擊。恰巧有一天，歌德在魏瑪公園裡散步，在一條狹窄的僅能通過一個人的小路上，他與那位批評家相遇了。批評家一看是自己的死對頭歌德，馬上露出一臉的不屑，並且挑釁似的對歌德說：「我從來不會給傻子讓路！」說著便堵住了小道。歌德並沒有因此而動怒，他只是微笑著說：「而我恰恰相反。」說完自己很從容地讓到一旁。歌德運用幽默的方式退讓一步，既化解了自己的尷尬處境，又避免了一場不必要的紛爭。最重要的是，以這樣的方式退一步，能夠顯示自己的寬廣心胸和氣度，還能反襯出別人的偏執與褊狹，實在令人讚歎啊！

與人交往最重要的原則就是能伸能屈，有時候退一步是完全有必要的，也是必需的。《菜根譚》中指出：「徑路窄處，留一步與人行；滋味濃的，減三分讓人嘗。此是涉世一極安樂法。」這句話的意思是說：在道路狹窄之處，應該停下來讓別人先行一步。只要心中經常有這種想法，那麼人生就會快樂安詳。所謂謙讓的美德絕非一味地讓步，不要忘記精確的計算：即使終生的讓步，也不過百步而已。

達爾文的《物種起源》出版之前，好朋友華萊士給他寄來了一封信，內容是請達爾文為自己寫的文稿做個審訂。達爾文看完朋友的文稿後左右為難，因為這個文稿闡述的內容，與自己的《物種起源》一書的研究結論非常接近。

華萊士是達爾文相交多年的老朋友，兩個人的關係一直很密切。如今這兩部文稿不管是先發表誰的，勢必會給另一方造成巨大的傷害。達爾文猶豫了，面對相交多年的友誼，以及自己大半生的心血，他應該做出怎樣的抉擇呢？這時候，達爾文的其他朋友勸他趕在華萊士之前，趕快將自己的書先出版了。達爾文陷入了兩難的境地，不過經過一段時間的思想掙扎以後，他最終選擇了自己的友誼，並且打算將自己的書稿焚毀。

這件事情被華萊士知道以後，心中感到非常內疚，並且主動打消了達爾文毀書的念頭。達爾文和華萊士的事情被大家傳成佳話，人們紛紛讚揚達爾文的氣量大度，於是有越來越多的人認識了達爾文，也開始關注他的《物種起源》。

退讓一步，乍看起來好像是自己吃虧了，但事實上自己失去的東西與得到的東西根本無法相提並論。這是與人交往過程中，一種以退為進的圓熟的社交技巧。我們為什麼要退讓呢？主要有以下幾點：

(1)與他人交往，人情是人們不得不顧忌的一個因素。人們常說「人情翻覆似波瀾」，今天的好朋友，可能就是明天的仇敵；而今天水火不容的對手，可能就是明天的戰友。世事百態，就像一條崎嶇難行的道路，如果與他人狹路相逢，不妨學會退讓一步，就算是在寬闊的道路上，也要給他人留下兩分的便利。

(2)退一步，不僅是為他人著想，也是在為自己留條後路。試想一下，如果一條小路大家爭先恐後，誰也不讓誰，那麼小路就會越發顯得狹窄，最後誰也過不去；如果讓別人先行一步，那麼自己也許會有較寬的道路可以輕鬆地通過。

(3)只要我們看看周圍那些成為陌路的夫妻、鄰居，甚至是親友，就不難發現他們反目成仇的原因，大多是為一些無關緊要的小事。只因為雙方都不退後一步，最終在狹窄的小路相逢，誰也不肯讓誰，最後弄得兩敗俱傷。如果我們能夠學會退一步，不讓矛盾繼續惡化下去，這樣不是更好嗎？

古人說：「處世讓一步為高，退步即進步的資本；待人寬一分是福，利人是利己的根基。」如果你是一個聰明的人，就應該懂得在必要的時候，寧願後退一步，避其鋒芒，也不會一味地爭強好勝。因為在很多時候，退一步會有另外一番風景。

處於主動地位時，更要給人以理解和肯定

在社會交往中，有一個細節時常被人們所忽略，那就是當我們處於被動地位時，還能夠謹言慎行，時刻設防；可是當我們掌握主動權時，通常很少會考慮到別人的感受和可能的反應。事實上，想讓一個人真正臣服於你，最好的辦法不是財色誘惑，也不是武力征服，而是以德服人。現實中的很多案例讓我們看到，那些看起來很聰明、很像個人物的人，通常會因為那種高高在上、動輒對人比手畫腳的作風，最後摔得很慘。

故事發生在春秋時期，當時宋國與魯國發生了一場戰爭。宋國的主將南宮萬帶領強大的軍隊抵抗魯軍。可是由於輕敵，反而被魯軍打敗了。南宮萬本人也被魯軍虜獲，成了魯國的階下囚。後來宋國與魯國講和，平息了戰亂，南宮

萬也被送回宋國。

當時宋國的國君宋閔公見了南宮萬後，臉色十分難看，言語中也有意奚落他。雖然南宮萬官復原職，可是已不得國君的寵信了，宋閔公甚至常常當著群臣的面，呼南宮萬為「魯囚」。南宮萬心裡有苦難言，只能默默地忍受著屈辱。

後來有一天，宋閔公不知道哪裡來的閒情逸致，一邊喝著小酒，一邊與南宮萬下棋為樂。宋閔公贏了幾局，心裡很得意，忍不住又嘲笑南宮萬說：「以前我很尊重你，提拔你為宋國大夫。但如今你只是一個從魯國被放回來的囚徒，我怎會贏不了你呢？」說完又哈哈大笑起來，完全不把南宮萬放在眼裡。一旁的侍衛和丫環也紛紛起哄，口口聲聲地叫南宮萬「囚徒、囚徒……」

自從打了敗仗，南宮萬在朝中一直忍受著屈辱和奚落，他早就對宋閔公懷恨在心，只是一直隱忍，沒有發作。這一次，怒火中燒的南宮萬正好借著酒勁，一手抓起下棋用的棋盤，狠狠地往宋閔公的頭部砸下去，宋閔公的腦袋頓時頭破血流，疼得哇哇大叫。

南宮萬犯下弒君大罪，嚇得臉色煞白，不過想一想：與其忍受屈辱地活著，還不如直接起兵造反，至少自己可以轟轟烈烈地活一場。雖然以南宮萬為首的叛亂最後被平定了，但是宋國也因為這場亂事，國力衰退了不少，宋閔公為此付出了沉重的代價。

身為一國之君，宋閔公的所作所為的確不算恰當。就算南宮萬打過敗仗，當過「階下囚」，也沒有必要在言語上羞辱他。一個真正的聰明人，應該懂得用理智來抑制自己的情緒，就算自己掌握著主動權，也應該給人以足夠的尊重，只有這樣，才能將大事化小，小事化無。

可是現實生活中總有那麼一些人，他們自以為聰明，但在社會交往中卻常常犯錯——「一朝權在手，便把令來行」，其實，這是對自己人際關係的極大傷害。

也許我們現在站的位置比別人高，但這並不代表我們比別人更聰明、更偉大，也不代表我們能夠一直穩穩地站在高處不下來。所以說，當我們在某一時刻、某一事件中掌握了主動權時，一言一行，都要盡量考慮到別人的感受和可能的反應。趁現在手裡還握著聚攏人心的資本的時候，為自己打好「人心」的基礎。

有一群漂亮的芭蕾舞演員去應徵百老匯歌劇院的舞蹈主角。經過幾天嚴格的審查後，許多演員都被淘汰了，只留下兩名。又經過一番審查，到最後，其中一人確定被淘汰了。

評審委員當然不能把這個消息直接告訴那位被淘汰的演員，於是婉轉地對她說：「你的舞藝的確十分出眾，並且擁有不可限量的潛力，將來在舞蹈上的成績肯定會光彩奪目，但是本劇所要尋找的角色，可能不適合你。因為我們需要一位較為活潑的演員，與你的個性不太符合。但你不用擔心，我們將來還會有新的劇本，到時候肯定會有更加完美的角色等著你來發揮。你真是一個難得的人才，希望你一直努力下去，好好地等待我們的通知吧！」

這的確是令人傷感的場面，被人拒絕是一件極其悲痛的事情，因為這往往表示自己的能力得不到別人的認可，這種傷害可能只有經歷過的人才能夠體會。可是，那位年輕的芭蕾舞演員卻是十分幸運的，因為她遇到了幾位好的評審，就算自己被淘汰了，最終與舞蹈主角擦肩而過，可是她的自尊心卻沒有受到傷害，心中對於舞蹈的憧憬也沒有因此而破滅。經過幾年的刻苦訓練，她真的成為了另一場歌劇的主角，並且由於出色的演出，贏得了眾多粉絲的喜愛，也獲得了業內人士的肯定。

一個聰明的人即使處於主動地位，也不會將話說得太死，並且知道給人以理解和肯定。我們看看那些在職場中叱吒風雲的高明的主管，他們在辭退員工的時候，絕對不會直接說：「因為你的能力不夠。」而是把原因歸究於「公司的經營狀況欠佳」、「專業思路調整」、「大的市場環境」等。即使聽者心知肚明，感覺苦澀，但總算是沒把一個人的自尊剝奪乾淨，留了個以後相見的餘地。

如果現在的你正處於優勢，而對方正處於劣勢，那麼諷刺和打擊對方，不但不能顯示出你的高明，反而會讓你為之付出沉重的代價。只有懂得將心比心，體諒對方、理解和肯定對方，你才可能成為社會交往中的高手，給對方留下良好的印象，也使自己立於不敗之地。那麼，當我們處於主動地位的時候，應該如何給對方以肯定與讚美呢？

1給人以肯定，應該是發自內心的

每個人都希望得到他人的肯定，但不是所有的肯定都會得到他人的認同。我們要去肯定一個人，首先應該是基於事實，發自內心的肯定。如果我們無根無據、虛情假意地肯定、讚美別人，那麼對方不僅不會表示出感激，而且還會感覺莫名其妙，甚至將我們想像成詭詐、虛偽的小人。比如，對一位相貌平凡的小姐說：「你真是美極了。」對方肯定會覺得你的讚美之詞不是發自內心的。可是，如果你能夠發現她在服飾、談吐、舉止等方面的出眾之處，並且給予適當的肯定與讚美，那麼她一定會欣然接受。

2讚美應該具體、實在、有的放矢

如果我們要去肯定或者讚美一個人，最好能夠讓對方知道，究竟在什麼地方得到了我們的肯定。也就是說，我們的讚美應該是具體的、實在的，要做到有的放矢，而不是空口說白話。如說「你真是太聰明了」，還不如說「這樣的好辦法你是怎麼想到的呢」，相比於「你今天真漂亮」，「這條絲巾與你的氣質太吻合了」會更有效果。

3 讚美要及時，不要事隔太久

如果你正處於領導者地位，那麼在恰當的時候給下屬一些肯定和讚美，通常會取得意想不到的效果。尤其是在眾人面前給予及時的讚美，效果會更佳。比如，當公司舉行會議的時候，是你給予下屬讚美的最佳時機。如果你的下屬正在開展一項十分重要的計畫，開頭的讚美，可以使他下定決心做出更加突出的成績；中間的讚美，可以給下屬堅持下去的理由和信心；結尾的讚美則可以對下屬做出的成績給予肯定，並且指出下一步努力的方向，這樣便能夠達到「讚美一個，激勵一批」的效果。

4 讚美後提一個問題

如果想在談話開始就給予對方恰到好處的讚美，那麼，首先提一個關於讚美東西的問題：「這條手鏈真漂亮，它跟你簡直太般配了。你在哪裡買的？我也想買一條同樣款式的手鏈……」

有一位哲人曾經說過：「讚美和微笑，是你擁有良好人緣的兩張通行證。」發自內心深處的肯定，能滿足別人的榮譽感、自豪感和成就感，能給別人帶來精神上的滿足和心理上的愉悅；溫暖而誠實的讚美能讓人如沐春風，處處逢源。所以，即使你身處「高位」，也不要忘了給人以肯定和讚美。

別人有意激怒你時，大可一笑而過

在社會交往中，每個人都可能面對各種刁難和不如意。有的人會因此大動肝火，結果會把事情搞得越來越糟；有的人卻能很好地控制自己的情緒，泰然自若地在生活中立於不敗之地。其實，不管在什麼樣的情況下，我們都應該有「老僧入定」的心情。那些激怒你的言行自然會消失於無形，而且以後再也不會有人來激怒你。

有這樣一則寓言故事：

森林裡有一隻名叫安迪的老鼠，它從小就有一個願望——打敗獅子王。

這一天，小安迪終於鼓足勇氣，大搖大擺地走到獅子王面前。

「我和你一決雌雄！」小安迪揮舞著前肢，露出鋒利的牙齒。可是獅子王很果斷地拒絕了小安迪的挑戰。

「怎麼？」小安迪說，「你害怕了嗎？」

「是的，我非常害怕……」獅子王說，「如果答應你，你就可以得到曾與獅子比武的殊榮；而我呢，以後所有的動物都會恥笑我，竟和一隻小老鼠打架。」

如果我們總是和那些不是一個層次的人爭執不休，就等於是自跌身價，同時也會浪費自己的很多資源。美國哲學家威廉・詹姆斯曾經說過：「智慧的藝術就是懂得該寬容什麼的藝術。」因此，我們應該學會寬容待人，不要被那些無謂的人和事所干擾，因為一個人成功的關鍵，並不是把時間浪費在無謂的事情上，而是緊緊地盯著自己的目標不放。

在一九八〇年美國選舉總統的時候，雷根和他的競爭對手卡特一起參加了一次電視辯論會。

當時，卡特對雷根在當演員時期的作風問題發起了攻擊，雷根卻表現得非常從容，只是微微地笑了笑，平淡地說：「你又來這一套。」簡單的一句話讓卡特無比尷尬，也引得現場觀眾一片歡呼。

雷根近乎完美的表現，讓民眾對他更加信任與支持，並且最終贏得了選舉的勝利。

同樣是一次選舉，可是由於競選對象的心理素質不同，其結果也有著天壤之別。

二十世紀六十年代的美國，有一位做過校長的人出來競選美國西部議會議員。他才華橫溢，學識淵博，是一位非常有希望選舉成功的人。可是就在他參加選舉的時候，有一個針對他的謠言傳播起來：三、四年前，在該州首府舉行的一次教育大會中，他與一位女教師有曖昧關係。

他知道這是一個謊言，並且感到非常生氣。他認為這個謊言會對他的選舉非常不利。於是，在以後的每一次集會中，他都要解釋這件事情。其實，大部分選民根本沒有聽過這件事。但是，現在人們卻愈來愈相信有那麼一回事，真是越抹越黑了。

在一次集會中，有位民眾就反問他：「你說你是無辜的，那你為什麼每次集會都要為自己辯解呢？」他不知道怎麼回答這個問題，所以他的情緒變得越來越激動。他不但不反省自己，反而氣急敗壞地譴責謠言的傳播，辱罵質疑他的人。這樣的行為讓原本支持他的民眾失望之極，連他的妻子也開始懷疑他。終於，他的事業以及家庭被一個小小的謊言擊敗了，此後他意志消沉，再也沒有出現在公眾的視線裡。

在社會交往中，我們隨時可能遭遇到一些莫名的挑剔與刁難，那些不瞭解、不熟悉你底細的人，總是希望通過一些細微的小事來試探你，然後觀察你的反應，並從中尋找你的弱點，給予打擊。面對這樣的情況，我們應該怎樣應對呢？

一般情況下，人們透過兩種方式來激怒他人：第一，是通過言語的方式來激怒你，比如，直接說一些嘲諷、挖苦他人的話，或者用婉轉的語言激怒他人，比如，無中生有、指桑罵槐、含沙射影等。第二，是用實際行動來激怒你，比如，處處刁難你，故意與你作對，或者擾亂你的朋友圈、挑撥離間等。假如對方故意想要激怒你，他也許不會太過高調，而是將自己的姿態放低，在背地裡做一些不溫不火的事情。就算你心裡清楚他是故意這樣做的，可是卻沒轍。這時候你唯一的辦法就是讓自己忍下來，凡事不動聲色。對於他的言語，不要過於理會，就算是想要反駁，也應該保持輕鬆微笑的表情；如果他想通過行動為難你，你也應該心平氣和地面對，可以與之商量，也可以請同事或者朋友幫忙。總之，你千萬不要被他激怒，因為當你發怒的時候，大家都會看著你，而且也看著他。如果他的姿態放得很低，那麼你的姿態就要放得更低！

偉大的哲學家康德曾經說過：「生氣，是拿別人的錯誤來懲罰自己。」如果我們不能很好地控制自己的情緒，那麼就等於將我們有限的生命，投入到自己燃燒的怒火之中。從古到今，有多少智慧之人不斷地告誡人們，千萬不要讓憤怒充滿你的胸膛，那樣只會自討苦吃。

一個陰鬱沉悶的下午，美國前陸軍部長史坦頓來到林肯那裡，氣呼呼地說：「有一位少將用侮辱的話指責我偏袒一些人，我現在非常氣憤！」林肯建議史坦頓寫一封內容尖刻的信回敬那傢伙。「可以狠狠地罵他一頓。」林肯說。史坦頓立刻寫了一封措辭強烈的信，然後拿給總統看。「對了，對了。」林肯高聲叫好，「要的就是這個！好好地訓他一頓，真寫絕了，史坦頓。」但是當史坦頓把信疊好裝進信封裡，準備寄出去的時候，林肯卻叫住了他：「不要胡鬧了，這封信不能發，快把它扔到爐子裡去。凡是生氣時寫的信，我都是這麼處理的。這封信寫得好，寫的時候你已經解了氣，現在感覺好多了吧，那麼就請你把它燒掉，再寫第二封信吧。」

畢達哥拉斯說：「憤怒以愚蠢開始，以後悔告終。」的確，如果我們不能很好地控制自己的情緒，很輕易地就讓自己憤怒了，那麼最終會成為愚蠢的代名詞。因此，即使知道別人是有意激怒我們的，也不太在意，最好能夠一笑而過。假如我們與之計較，或者為這樣的人大動肝火，那麼人們看見的只會是我們失去理性的憤怒之火，而不會看到他們卑鄙無恥的小人伎倆——原來錯不在我們，可是由於怒火中燒，我們反倒變得理虧了！被憤怒的情緒所控制，我們可能說出一些過激的話，或者做出一些過激的行為，也留給別人更多的話柄。這樣一來，他人毫髮未損，可是我們自己卻是遍體鱗傷。

所以，不管在什麼樣的情況下，都不要輕易地被激怒，而應該懂得運用八分滿幸福學，不與小人相互較量，也不為了逞一時之氣輕易地動怒。這不僅顯示出一個人內心的寬廣與鎮定，而且也讓那些無恥小人沒有可趁之機。當然，想要將憤怒的情緒一網打盡，也不是一件容易的事情。那麼，當我們想要發怒的時候，應該通過什麼方法來制止呢？主要有以下幾種方法：

1杜絕致怒的因素

有時候，導致發怒的因素可能不止心理原因一種，有的生理因素也容易使人發怒。比如，休息不好、身體不適等。因此，我們應該盡量避免導致發怒的生理因素，每天按時休息，多閉目養神，多參加運動，從而增強身體的免疫力。

2學會容忍，寬厚待人

當我們被憤怒包圍的時候，生理上往往會產生一系列變化，也就是所謂的「騷亂」，進而對我們的身體健康產生危害。與其這樣「傷害」自己，不如學會寬厚待人，用一種平和的心態去面對世事，這樣怒氣自然隨風而去。

3要學會「重新判斷」

假如一個人很輕易地引起了你的憤怒情緒，那麼我們應該自覺地從客觀的角度去看待這個人，多想想他的可取之處。如此一來，這個人在我們心中的形象就會有所好轉，甚至再沒有為他憤怒的理由。「重新判斷」能夠幫助我們控制好將要燃燒起來的怒火，是一種很有效的克制衝動情緒的方法。

4要學會「有效溝通」

一個人的憤怒情緒，往往是一種積蓄的過程，當憤怒的情緒積蓄到一定程度的時候，就需要找一個發洩的出口，這個時候，你可以通過有效的溝通，讓自己的情緒得到宣洩，比如，找一個要好的朋友傾訴一番，再聽聽朋友的評論、勸解等。經過這樣的有效溝通，能使你心中積蓄的情緒得到宣洩，這樣心中的怒火也會漸漸熄滅，甚至煙消雲散。

5「自省」也很重要

如果你發怒的原因只是由於自己受辱，那麼不妨將自己放在比較客觀的位置上，反過來問一問自己：我真有被侮辱的地方嗎？如果對方是善意的，那麼我們也不用太過在乎，因為這只是無心之失；如果對方是惡意侮辱，那麼我們更應該放寬心胸，因為惡意侮辱本來就不值得我們發怒。

報復是心靈之毒，只會讓你更加失落

人的一生中難免會遭受別人的傷害，這些傷害可能來自朋友、親人、戀人，甚至是社會。它讓我們的心靈受到重創，久久不能復原。面對這些傷害，很多人的第一念頭就是——報復，讓傷害我們的人也嘗嘗同樣的痛苦！可是，你有沒有安靜下來仔細想過：報復他人，你所遭受的傷害就能彌補回來嗎？也許你會因此更加失落。

現實生活中，每個人都可能產生過報復心理。它是人們在與人交往的過程中，將那些傷害過自己的人或者事耿耿於懷，希望通過一些攻擊行為來宣洩不滿情緒的一種心理。報復是一種褊狹、偏執的心結，我們每個人都可能被報復心理所佔據，有些理智的人，可以通過冷靜的思考後進行很好的自我控制，也有些人被報復心理沖昏了頭，做出一些不理智、甚至無法挽回的事情。其實有時候，報復是一柄「雙刃劍」，在我們報復別人的時候，也一定會傷害到我們自己。如同對待一個打了我們一巴掌的人，我們若反手給他一巴掌，那出手時打在別人身上的的痛快，在收手的時候也會給自己帶來同樣的疼痛。所以說，對一個人報復的力度有多大，報復之後留在我們身上的疼痛就有多深！

有一部小說中描述了這樣一個情節：第二次世界大戰時期，主角在波蘭集中營裡經歷了非人的折磨，九死一生，最終頑強地活了下來。戰後，他作為一名受害者，在全世界進行巡迴演講，揭露納粹的醜惡與野蠻的面目。

那天，當他結束演講剛要離開的時候，一個佝僂的身影向他走來。這個人用奇怪的目光看著他，有種似曾相識的感覺。霎時間，他回憶起來了這個人就是他在集中營時的看守。他一輩子也無法忘記這個人，就是這個看守在監獄中害死了他的全家。而現在，他的「仇人」朝他走了過來，並且滿眼懺悔和羞愧地伸出手來，要與他握手。主角把手放在身旁，一雙怒火中燒的眼睛，惡狠狠地盯著這個佝僂的看守。

仇恨與報復的火焰在主角的內心燃燒著，他之前曾經無數次在腦海中想像過，如果遇到這個人他會怎樣，而此刻他卻不知道接下來要做什麼了，他只好盡量讓自己保持平靜。但是片刻之後，面對這個羞愧地懇求懺悔的人，主角選擇了寬容與饒恕，因為他剛剛正好在講一個關於寬容的話題。他試著微笑，麻木地舉起右手。但當他們的手最後握在一起時，一件難以置信的事發生了。有一股電流通過他的手心，傳遍了全身。

這個時候，主角的心底湧起了一股對這個曾經的惡魔強烈的愛，這種愛讓他忘記了疼痛和仇恨。當他走過去，緊緊地將那個人擁入懷裡的時候，他那顆血淋淋的帶著傷口的心瞬間癒合了。

在我們身邊，許多遭受過傷害的人，往往被憤怒仇恨佔據了頭腦，一心只想著如何去報復和傷害對方，在仇恨的泥沼中久久不能自拔，甚至被它左右終生。可是他們卻不肯平靜下來想一想，報復的感覺或許會痛快一時，可是因為報復毀了原本應該正常的生活，卻最終會悔恨一世。所以說，報復是心靈之毒，它只會讓你更加失落而已。

卡塞爾正在上初中，有一天放學後他氣沖沖地回到家裡，進門後也不理媽媽，便「啪」地把門關上。正在做事的母親看到卡塞爾這副生氣的樣子，將他叫了出來，問他究竟發生了什麼事情。

卡塞爾不情願地出來，走到母親身邊氣鼓鼓地說：「媽媽，我現在非常生氣，喬納森居然在背後說我的壞話。」母親一邊做事，一邊聽兒子講述事情的原委。卡塞爾說：「喬納森讓我在同學面前丟盡了臉面，我現在只想把他揍一頓，真希望他每天都遇到不同的倒楣事！」

母親聽完，走到牆角拿來一袋木炭，交給卡塞爾，說：「孩子，你把掛在繩上的這件白襯衫當作喬納森，把這個塑膠袋裡的木炭當作你認為的倒楣事。然後用這些木炭去砸白襯衫，只要你砸中一塊，喬納森就會遇到一件倒楣事。等你把木炭砸完，看看會發生什麼事情。」

卡塞爾覺得這種報復的辦法很過癮，就拿起木炭一塊塊地使勁往襯衫上砸去。可是那件襯衫掛在離自己比較遠的地方，等他快要將木炭扔完了，也沒有砸中幾塊。

母親問卡塞爾：「你現在覺得怎麼樣？」

「我現在感覺好累啊，不過心裡很舒坦，因為我總算砸中了幾塊木炭在那件襯衫上，襯衫上面已經留下幾道黑印了。」

母親見兒子仍然沒有理解她的用意，於是讓卡塞爾去照照鏡子。卡塞爾看到自己在鏡子裡的樣子，現在除了牙齒是白的之外，滿身都是黑的。

母親這才十分認真地對他說：「你瞧一瞧，白襯衫上沒有留下幾道黑印，可是你自己卻變成一個小黑臉了。你想報復別人，讓他多遇到一些倒楣的事情，可是最後這些倒楣的事，都在我們自己身上應驗了。所以孩子，雖然我們的報復心理會給別人帶來一些傷害，不過我們的身上同樣會留下無法消除的痕跡，現在你明白了嗎？」卡塞爾愧疚地望著母親，現在他是真的明白母親的意圖了。

很多時候，我們以為報復別人能夠給自己帶來極大的快樂，可是事實上，報復之後只會讓我們更加失落。因為報復給別人和自己都帶來了痛苦，這種痛苦會在今後的生活中，以自責、後悔的形式出現，甚至讓我們的一生都活在內心的譴責與陰影中。為什麼一定要用仇恨掩蓋我們善良的本性呢？當理智最終戰勝了仇恨，當善良的靈魂讓我們清醒，我們只會因為自己的打擊報復而抱恨終生。所以，當心中萌生報復的念頭時，我們一定要學會控制自己的情緒，及時地消除報復心理。

1學會心理換位

有時候，我們難免會遭遇到挫折，或者產生一些不良的情緒反應，這時不如換位思考一下，將自己想像成別人，如果是自己遇到這樣的情況會怎麼做。通過這樣的心理換位，我們便能夠體會到對方的一些苦衷，更加客觀地來看待他人的不正確行為，從而淡化或者消除報復心理。

2學會自我調節

生活中有很多事情都會引發我們的報復心理，比如，遭受他人的欺侮，或者自尊心受到傷害。這時候，我們不能怒火中燒，而是應該學會自我調節，從自身出發，淡化、轉移報復心理。比如，暫時遠離那些讓你心煩意亂的人或環境，去自己喜歡的地方待一會兒，或者從事一些自己喜歡的活動，從而轉移自己的注意力。

3進行冷處理

當我們真正地去實施報復行為以前，首先應該通過理智的思考來駕馭心中憤怒的情緒，好好想一下，自己的報復行為可能會造成什麼樣的嚴重後果，可能會給自己、他人以及各自的家庭，帶來怎樣的傷害，通過這樣的冷處理來克制自己的過激行為。經過冷靜地思考之後，如果感覺弊大於利，並不值得自己這樣做，自然就會放棄報復的想法。

其實，我們在面對傷害的時候，不妨運用八分滿幸福學，給仇恨打一個八折。要知道，報復是心靈之毒，唯有愛才能拯救自己！因此，我們不應該把自己鎖在仇恨的牢籠裡，而應該學著去原諒、寬恕傷害我們的人。這樣既釋放了別人，也釋放了自己。

面對做錯事的人，寬容是最好的相處方式

在古希臘的神話故事中，有一位英雄名叫海格力斯。有一天，他走在一條崎嶇不平的山路上，突然前面出現一個好像沙袋一樣的東西，正好擋住了他的去路。於是，海格力斯氣憤地朝著那個沙袋一樣的東西踹了一腳，沒想到那個東西不但沒有被踩扁，也沒有跑到一邊去，而是越發膨脹變大了。海格力斯氣得兩眼泛紅，鼻子生煙。他一揮手，將對面山上一棵碗口粗的大樹拔了出來，用它朝那個怪東西砸去，更讓人意外的事情發生了，這東西繼續成倍地膨脹，最後將整條道路都堵死了。

正當海格力斯百思不得其解的時候，一位老爺爺正好從這裡經過，走到海格力斯面前，和藹可親地對他說：「年輕人，快別費力氣動它了，忘了它，快離它遠些吧！這個傢伙名叫仇恨袋，如果你不招惹它，它就會變回原來的樣

子；如果你越是侵犯它，它就會越來越膨脹，和你對抗到底。」

仇恨如同一面不斷長高的牆，它會阻攔你前進的方向；而寬容與善良就像在不斷拓寬的馬路，它會讓你的人生暢通無阻。寬容是一種為人處世的原則，也是道德高尚者最基本的修養。正如法國大作家雨果所說：「世界上最廣闊的是海洋，比海洋更廣闊的是天空，比天空更廣闊的是人的胸懷。」

事實上，我們對別人的寬容，也是對自己的寬容。如果能夠將滿心的仇恨消除，給自己的心靈留下一片寧靜和諧的空間，讓自己的身心得到舒展，這就是寬容帶給我們的益處。

寬容真的會給我們的身體健康帶來影響嗎？為了得到肯定的答案，科學家做了這樣一個實驗：首先，研究人員讓接受實驗的人，回憶一個曾經受傷害的場面，然後用寬容的心態去想像；接著，還是回憶同樣的場景，然後用敵視或者仇恨的心態去想像。實驗結果出來，所有的人都感到很驚訝——接受實驗的人用非寬容的心態回憶時，他們的心率從每四秒一點七五次上升到每四秒二點六次，並且血壓也逐漸升高。

另外，美國史丹福大學也曾做過一個被稱為《史丹福寬容計畫》的實驗。通過這個實驗科學家得出結論，在參加實驗的所有人中，受傷害感明顯降低的人有百分之七十，另有百分之二十點三的人表示因怨恨帶來的身體不適，得到不同程度的緩解。

以上兩個實驗更讓我們確信：寬容對於我們的身體健康的確有著十分積極的影響。

寬容是一種寧靜的心態，它可以帶走所有的仇恨與傷痛，讓我們的心靈得到救贖；寬容是一種智慧，是一種博大的情懷，是我們所提倡的八分滿幸福學。當我們試著去寬容他人的時候，其實受益的是我們自己。

在日常社交中，我們難免會與他人發生矛盾和衝突。當我們受到惡語中傷時，是想用「以牙還牙」的心態給予還擊，還是讓自己緘默忍受？當我們遭到欺侮或者背叛的時候，是用同樣的方式伺機報復，還是選擇寬容相待？相信很多人都會做出正確的選擇。

故事發生在第二次世界大戰期間，在一片寂靜的森林裡，兩支部隊相遇了。頓時，激烈的槍聲、炮火聲打破了四周的寧靜，經過幾天的交火，兩支部隊傷亡慘重，各自離開了。可是卻有兩名戰士與自己的部隊失去了聯繫。他們只能相依為命，在森林中艱難地行走。

這兩名戰士來自同一個村莊，而且是從小玩到大的好朋友。他們在森林中艱難跋涉，互相安慰，可是十多天過去了，他們仍然沒有與部隊取得聯繫。有一天下午，他們非常幸運地打死了一隻鹿，靠著這些鹿肉，他們艱難地度過了幾天。可能由於戰爭的緣故，動物們都紛紛逃走或者被殺光了，或者自己藏了起來。總之，後來的好幾天，他們再也沒有見到任何動物的蹤影。剩下的一點鹿肉，成了兩名戰士繼續前行的希望。

在一個陰鬱的午後，兩名虛弱的戰士又與敵軍相遇了。這一次，他們沒有與敵人正面交鋒，而是運用策略，巧妙地避開了敵人。就在他們脫離危險的那一刻，卻聽到一聲槍響，走在前面的那個年輕的戰士中了一槍，幸運的是傷在了肩膀上。後面的那位士兵惶恐不安地跑過來，他害怕得語無倫次，抱著年輕戰士的身體淚流不止，趕快撕下自己的襯衣將戰友的傷口包紮好。那天晚上，沒有受傷的戰士在睡夢中一直念叨著母親的名字，他滿頭大汗，渾身發抖。

兩名戰士都以為自己熬不過這一關了，儘管他們被饑餓包圍著，但誰也沒有動過身邊的鹿肉。就在這時，部隊裡有人發現了他們，並且將他們帶回了軍營中。兩名戰士就這樣獲救了。

直到三十年以後，那位受傷的戰士才說出事情的真相。原來，他一直知道是誰開的那一槍，那個人就是他的戰友。當時那位戰友抱住他的時候，他明顯地感覺到戰友的槍管是熱的。他怎麼也不明白，戰友為什麼會對自己開槍呢？可是就在那天晚上，他決定原諒這位戰友。他明白戰友想獨吞最後一點鹿肉，是想繼續活下去照顧自己的母親。時間就這樣過去了三十年，他一直假裝什麼事情都沒有發生過。戰爭實在是太殘酷了，那位戰友回到家後，母親早已經過世了。他和那位戰友一起安葬了戰友的母親。就在那一天，戰友跪在他面前，哭泣著請求他的原諒，他把戰友扶起來，兩個人抱在了一起。其實，他早就寬容了戰友，並且在之後的幾十年裡，他們一直都是很要好的朋友。

即使是面對曾經想要取走自己性命的戰友，那位戰士仍然選擇原諒與寬恕。善待別人的同時也是善待自己，寬恕曾經冒犯過自己的人，哪怕只是一個微不足道的舉動，也在無形中為自己留出一條退路，收穫意想不到的回報。因為寬容，讓我們少了一分憂傷，多了一分快樂；因為寬容，使我們的心靈得到昇華。

有的人很想知道，到底什麼才是寬容？當我們的一隻腳踩碎了紫羅蘭的花瓣，可是在我們的鞋底卻還殘留著淡淡的花香，這就是所謂的寬容。每個人都有做錯事的時候，不論是主觀的原因，還是客觀的因素，都可能給我們帶來傷害。這時候如果我們只有滿心的憎恨，總是感覺憤憤不平，甚至企望別人被各種厄運纏繞，那麼當仇恨的藤蔓爬滿我們的內心，最終掩蓋心靈的窗戶，這時我們也失去了往日的安寧與快樂。事實上，寬容並不是懦弱的表現，而是一種理解，一種心靈上的修煉。面對那些做錯事的人，寬容是最好的相處方式。

感謝對手，讓生命變得不再單薄

這是一個充滿競爭的時代，每個人都希望自己能夠脫穎而出，能夠擁有美滿的家庭和成功的事業。可是在很多時候，決定你成功與否的關鍵因素，往往不是你的朋友，而是你的對手。如果你的對手是一個勁敵，那麼你就會「遇強則強」，發揮出自己的潛能；相反，如果你的對手不堪一擊，那麼你就會「遇弱則弱」，固步自封。

八分滿幸福學告訴我們：對待任何事物都不能一概而論，追求極端，即使是面對自己的對手，也應該從另一方面看到他的可取之處。

在美國阿拉斯加的動物園裡，有六萬多隻野生的鹿生活在自然環境中，可是這一片地區也生活著另外一群動物，那就是可怕的野狼。正是由於野狼的存在，鹿園裡每年有四百多隻野鹿被狼吃掉。為此，動物園組織了一批獵人，將野狼全部消滅掉了。可是不久之後，野鹿卻因為一場疾病損失了兩千多隻。原來，狼對野鹿有著天然的「優育」作用。正是由於狼的襲擊，野鹿為了逃難才不得不長期奔跑，這樣不僅使鹿群格外健壯，而且老弱病殘落入狼口，病疫也隨之消失了。這些都表明，鹿群想要擁有生機與活力，就必須與狼這個對手「合作」才行。

與鹿群相比，人類更高級，也更智慧，我們更應該明白對手的重要性：在生意場上，商家也正因為有著激烈的競爭，才不斷地改進經營管理和服務品質，使市場走向良性發展的道路；在職場上，因為職業環境無時無刻都在發生變化，如果不能夠跟上職業要求，那麼我們隨時都可能被對手趕出職場，正因為有了競爭對手，才使我們的事業不斷走向進步；在運動場上更是如此，世界冠軍們正是因為有了強勁競爭對手的不斷衝擊，才能不斷地努力訓練，不斷地創造新的世界紀錄。

在人生的旅途上，我們並不是踽踽獨行的孤獨客，與我們同行的除了陪伴在身邊的親人、朋友——就算哪一天眾叛親離了，你也並不寂寞，因為你的對手永遠不會離你而去，他們會時刻守候在你的身邊，並且對你張牙舞爪，等待你成為他們的盤中美餐。

這些競爭對手既是我們的同行者，又是我們的競爭者。他們或是有形的，或是無形的；他們有時是真的存在，有時卻又是精神層面的。我們的人生因為他們而變得多姿多彩，也是他們讓我們的心靈更加堅強，是他們將我們的淚痕風乾，讓我們有了微笑的勇氣。所以，我們應該感謝自己的對手，正是由於他們的打擊和傷害，才讓我們深刻地認識到生存的殘酷，才讓我們在艱難險阻中學會了生存。

在十八世紀的法國，偉大的科學家普魯斯特和貝索勒是一對論敵。他們圍繞定比定律爭論了有九年之久，他們都堅持自己的觀點，互不相讓。最後的結果是普魯斯特獲得勝利，成了定比定律的發明者，而貝索勒慘遭失敗。

所有的人都在為普魯斯特歡呼，可是他自己並沒有因此而得意忘形、忘乎所以。他真誠地對與他激烈爭論了九年之久的對手貝索勒說：「如果沒有你的責難和打擊，我恐怕很難堅定繼續研究下去的信心。」與此同時，普魯斯特也向大家宣告，定比定律的發現是他與貝索勒兩個人的功勞，其中有一半應該屬於貝索勒。正是因為他們針鋒相對的理論，才促使定比定律昭示天下。

普魯斯特認為，正是由於貝索勒的責難和批評，才使他有勇氣和毅力繼續研究下去，從另一方面來說，是貝索勒幫助他完善了自己的研究。這與自然界中：「只是因為有狼，鹿才奔跑得更快」的道理是一樣的。

「沒有岩石的攔阻，哪能激起美麗的浪花。」在現實生活中，我們不應該埋怨那些令你跑得很累的人，因為恰恰是他們，才使你跑得更快！飽滿的稻穗周圍自然有搶奪營養的稗子，蔚藍的天空中總有朵朵白雲。真正的劍客，對於對手永遠是充滿敬意的。他們在劍鋒上毫不留情，但寶劍入鞘後卻是英雄惜英雄。因為他們知道，曲高和寡，沒有對手就沒有今天的他們。因此，讓我們感謝對手，因為他們讓我們的生命不再單薄。

1感謝對手，讓我們學會進步

人生像一條奔湧的河流，不進則退。可是，因為有強大的對手存在，我們找到了積極進取的力量。這就是人們常說的「對手強大，我就會比對手更加強大」。所以我們要感謝對手，激發了我們的潛能，激勵我們不斷進步。如果一個人沒有對手，就只會甘於平庸；如果一個群體沒有對手，就會因為相互之間的依賴，而變得沒有活力與生機；如果一個行業沒有對手，就沒有積極進取的意識，因為過於滿足現狀而「死於安樂」。

2感謝對手，發現我們的缺點和錯誤

在與人交往的過程中，每個人都難免會犯錯，有的錯誤可能自己能夠主動意識到，並且能夠主動去改正；有的錯誤則是無意識的，自己根本沒有意識到那是一個錯誤。這時候，我們應該感謝對手的刁鑽與為難，感謝對手的「吹毛求疵」，正是由於他們的存在，才讓我們發現自己的缺點和不足，讓我們有了改正和完善自己的機會。

3感謝對手，讓你時刻保持謹慎

俗話說：「一言不慎就會招來禍端。」生活中我們難免有口無遮攔、行事魯莽的時候，這樣只會給自己招來麻煩，授人以柄。所以我們要感謝那些對我們要求嚴格而心存異議的每一位對手，是他們時刻給我們敲響警鐘，提醒我們要「謹言慎行」。

Chapter 4

職場中運用八分哲學：工作八分剛剛好，留下二分給休閒

八分投入，剩下的二分作為緩衝

好萊塢著名影星湯姆・漢克在接受記者採訪時說了這麼一句話：「多，不一定就更好。」他試圖傳達的資訊是：讓自己太忙碌也會礙事。如果我們同時進行太多的事，有太多的計畫或細節要照顧到，就可能會使我們分心，即使工作再投入也無法發揮最佳的表現；而腦子裡被太多的東西裝得滿滿的，也就沒有空間去想一些點子和創意。從這些方面來說，湯姆・漢克說得簡直對極了！

這裡試圖傳達這樣的一種觀點——當我們為事業努力衝刺時，不妨將「八分」的時間和精力投入工作中，剩下的「二分」作為緩衝的餘地，用來休息和充電，而不能讓自己的腦子裝得太滿。因為人生就好比一根琴弦，如果放得太鬆，無法演奏出音樂；如果綳得太緊，又容易被折斷；只有鬆緊適度，才能彈出優美的人生樂曲。可是，如今職場競爭越來越白熱化，工作壓力也越來越大，很多人總是強迫自己沒日沒夜地工作，他們對於工作的「熱愛」簡直到了癡迷的程度，就像有的人對酒精的癡迷一樣。他們就是傳說中的「工作狂」。他們拒絕一切假期活動，公事包裡永遠塞著滿滿的公文。假如有人讓他們稍微休息一下，他們肯定會為了「節省」時間而當面拒絕。他們對待工作如此盡心盡力，那麼他們在事業上是否很成功呢？沒有，他們中的多數人非但沒有成功，反而將自己弄得身心交瘁，還有的人甚至為了工作丟掉了家庭。

朱明軍在一家網路公司工作，由於工作上表現極為突出，很快就被提升為技術總監助理。這家網路公司競爭十分激烈，每位員工都生怕自己被淘汰了，所以總是加班加點地工作，連上廁所都是百米衝刺的速度。朱明軍作為這家公司的技術總監助理，最繁忙的時候，他甚至一天就上一次廁所，經常整天地待在電腦旁邊，雙眼木訥地盯著閃耀的螢幕，時刻也不讓自己放鬆。因此，公司裡的人都叫他「拼命三郎」。可是由於長年累月地沒有週末，沒有節假日，天天晚上不到十二點不回家，還常常因為突發事件而半夜或者淩晨起來，他的生物時鐘完全被打亂了，睡眠也是嚴重不足。自從他離開大學，幾乎再也沒有進行過任何體育鍛鍊，旅遊更是想都不敢想。現在，朱明軍的體型已經因為壓力而變成了「鴨梨型」，而且情緒也變得非常暴躁，常常因為一些微不足道的事情對同事大發雷霆，回到家裡還和老婆吵架。由於朱明軍在工作上的出色表現，兩年後他被提拔為部門經理，不過由於長年累月無休止地工作，他的身體已經累跨了。老婆也因為受不了他的壞脾氣，而選擇了與他離婚。所以當他拿到任命通知書的時候，心裡反而失落了許多。

有一位哲人曾經說過：「不會休息的人就不會工作。」的確，只有保證良好的休息時間，才能保持更好的工作狀態，而我們努力工作又是為了換來更高品質的生活。人們常說：「身體是革命的本錢。」假如我們只知道埋頭工作，最後連革命的本錢也被自己揮霍一空，那麼今後的人生就沒有可持續發展的迴旋餘地了。從長遠的角度來看，也將阻礙我們的職業生涯目標。像上面案例中的朱明軍，雖然自己的職位得到了晉升，可是同時也丟掉了自己的健康以及美滿的婚姻，這樣其實是得不償失的。

無論哪個領域的傑出人才，他們都具有一個相同的特點，那就是能夠將自己的時間安排妥當，在工作上張弛有度。他們知道給自己留下充足的睡覺時間，也知道通過各種形式的鍛鍊，讓自己的身體保持最佳狀態，只有這樣，他們才有足夠的精力去拼搏與創造。與此同時，他們也懂得享受人生，即使再忙碌，也會空出時間與家人共度美好時光。所以說，成功最關鍵的因素，就是懂得運用「八分」哲學。不是將工作排得滿滿的，而應該留下「二分」的空檔用來休息和娛樂。也不要自尋煩惱，總擔心自己無法將每一件事做好。如果你能夠不再那麼忙碌，而是留給自己多一點的時間和空間，也許那些好點子都會自動浮現出來的。

約翰・貝克是三藩市全美公司的董事長，按理說，他應該忙得不可開交才對，可是現實情況卻出乎我們的意料。他一直堅持晨泳和晚泳的良好習慣，還經常抽出時間去釣魚、滑雪、越野以及打網球。包登公司的總裁尤金・蘇利文也懂得張馳有度的工作法則。他並沒有被繁忙的工作所束縛，而是養成了每天走過二十條街去他的辦公室的習慣。另外，聯合化學公司董事長約翰・康諾爾總是在工作中抽出時間進行原地慢跑，這樣的運動方式，讓他一直保持著強健的身體和標準的體重。

宋朝詩人黃庭堅曾有詩云：「人生政自無閒暇，忙裡偷閒得幾回？」在繁忙的工作中，我們應該學會「忙裡偷閒」，這不僅是一種很放鬆的心態，也是一種符合自然規律的調適方式。而且，科學研究也表明，一個人過得輕鬆自在將比長期承受壓力健康一倍。因此，為了保持良好的健康狀態，我們必須保證足夠的時間來休息。

1 累了，就休息兩三分鐘

芝加哥羅斯福大學的喬納森・史密斯博士認為，我們不一定需要很長的休息時間，如果能夠在工作一個小時後，讓自己得到兩三分鐘的休息，那麼你將擁有更好的工作狀態。比如，我們可以將椅子旋轉至背對電腦，閉目養神幾分鐘，盡量讓自己的心靈平靜下來。

2尋找一些放鬆的方法

《內部的平衡》的作者埃斯特・伯格曾經說過：「你必須考慮讓自己在日常工作中『離線』，並投身到其他事情上去。」所以當我們工作十分疲勞的時候，可以給自己尋找一些放鬆的方法。比如，聽一些自己喜愛的音樂、泡上一杯加點蜂蜜的熱茶、用薰衣草或鼠尾草精油給自己按摩等。

3花一天的時間享受天倫之樂

在西方一些國家，現在仍有很多家庭遵守著「安息日」的傳統。其實這也是一種很好的放鬆自己的方式。《捍衛休息日》的作者琳妮・芭比也認為，我們已經將一週的前六天時間花在忙碌的工作上了，為什麼不能花一天的時間來好好休息呢？所以當你感到工作壓力巨大，甚至影響到身心健康的時候，不妨抽一天的時間和家人到公園去進行一次漫長的野餐，「花一天的時間去享受天倫之樂」。

4每年至少給自己「放一次假」

為了使自己保持充沛的精力和敏銳的思維，我們每年至少應該給自己「放一次假」。你可以花一個星期甚至更多一些時間，去度假觀光、尋親訪友。或者去某個地方舒適地睡覺、在游泳池邊閱讀、沿著海灘散步、凝視星空、安心地享受一日三餐……總之，要全身心地享受這一段輕鬆的時光，因為它會為你解除這一年的疲勞。

張弛有度，別為工作失去生活

玫琳凱公司的創始人玫琳凱·艾施女士是一位偉大的商業女性，她不僅一手建立了自己的商業王國，而且對世界商業形態也產生了十分重要的影響。很多人都以為，像玫琳凱·艾施這樣的女強人一定是個工作狂，然而在她的回憶錄中卻寫著這樣一句話：「工作是工作，生活是生活，我們應該把二者分開。如果因為工作而失去了生活，這是件最不划算的事。因為你失去的不僅是生活，還有快樂。」

現實生活中，很多人迫於社會的壓力，每天只知道拼命地工作。不管他們是主動的，還是被動的，工作幾乎佔據了他們全部的時間。為了工作，他們犧牲了休息的時間，犧牲了陪伴家人和配偶的時間。在不知不覺中，工作成了他們的精神支柱。一旦他們失去自己的工作，不僅在物質方面會失去保障，同時在精神層面也會隨之崩潰。他們這樣「熱愛」工作，甚至為了工作而丟掉生活，究竟是為了什麼呢？如果為了賺錢，我們的生活向來簡單，開銷也不大，不需要像「Working like a dog」的歌詞那樣找自己的麻煩；如果為了理想，我們曾經付出過那麼大的努力，可是到最後才真正明白，理想原來是那麼遙不可及。

還有這樣一類人，他們既想擁有輕鬆舒適的生活，又渴望在工作上有所建樹。本來想兩頭抓住，可是最後卻兩手空空，常常是得到這個，又失去那個。現實生活中有很多人都是這樣的，習慣把工作與生活混為一談，而不懂得「八分」哲學。其實，我們完全可以將「八分」的精力用來努力工作，而剩餘的「二分」用來經營生活。如果我們總是將工作排得滿滿的，因此失去生活的所有樂趣，那樣只會把自己弄得一團糟。

李梅英是一家策劃公司的客戶經理，每天都衣著光鮮，出入於高級的辦公大樓。在別人眼裡，她是令人羡慕的白領階層，可是只有她自己知道，事實上她就是一個「窮忙族」。為了將工作做得更出色一些，她常常忙得四腳朝天、疲於奔命。有一天晚上，李梅英照例加班到十一點多，她的朋友打來電話問她：「為什麼每天都要忙到那麼晚呢？」她長歎一聲說：「沒辦法啊，工作上的事情太多了。」

李梅英覺得自己總有做不完的事情。比如，那天早上，她剛剛進公司就有幾個人前來彙報工作。首先是公司的櫃臺，她告訴李梅英，早上有個客戶打電話來抱怨，說昨天等了一個晚上都沒有收到公司的電子郵件。於是李梅英立即去查看自己的郵箱，結果發現信件是因為標題不正確被退回來了。

「最近真是忙暈了。」李梅英拍拍自己的腦袋，趕緊把郵件修改好，給客戶發過去。這時，辦公室的下屬又過來問李梅英：「為什麼上面說新辦公室的設計不符合要求？」李梅英這才想起公司上層確實說過辦公室佈局的問題，但是由於自己最近太忙，一時之間竟忘了傳達。結果李梅英只能忙著跟上面解釋，並幫助下屬做出替換方案。

等把這兩件事處理完，時間已經快到中午了，李梅英剛坐下來，想稍微休息一下，可人事部門的同事又來找她了，說今天是一個員工考評的截止日期，但是她還沒有給他們提供充分的資料。結果李梅英只能忙著準備員工的日常考評資料，連午飯都沒時間吃了。其實李梅英自己也知道，就算自己抽空吃了午飯，下午一樣會有沒完沒了的事情等待著她。

這樣忙碌而緊張的工作狀態，讓李梅英覺得她自己只是在過「日子」，而不是在「生活」。她不知道這種每天都只是忙忙忙的生活還將持續多久，她也不知道自己想要的生活到底是什麼樣子。

李宗盛有一首歌叫作《忙與盲》，歌詞寫得非常好：「曾有一次晚餐和一張床，在什麼時間地點和那個物件，我已經遺忘，我已經遺忘。生活是肥皂香水眼影唇膏，許多的電話在響，許多的事要備忘，許多的門與抽屜，開了又關，關了又開，如此的慌張。我來來往往，我匆匆忙忙，從一個方向到另一個方向，忙忙忙忙忙忙。忙是為了自己的理想，還是為了不讓別人失望。盲盲盲盲盲盲，盲得已經沒有主張，盲得已經失去方向。忙忙忙盲盲盲，忙得分不清歡喜還是憂傷，忙得沒有時間痛哭一場。」

這首歌一推出就得到了大家的喜愛和共鳴。許多人都說：「它是我們這些年來工作和生活的剪影，以及個人情感的回顧。它顯現了我們工作的忙碌和飛來飛去的茫然。」的確，在疲憊的人生旅途中，我們很少有人去追究，為什麼自己的腳步在這喧鬧的都市中竟已停不下來？我們為了不被時代的潮流所淘汰，為了讓自己的生活更加體面，基本上每時每刻都在忙碌著——白天穿的是職業套裝，揹的是沉重的公事包，每天早上九點準時報到，然後便像機器一樣不停地運轉起來；晚上拖著疲倦的身體躺在床上，滿腦子都是工作的事情，連夢裡也在為工作而絞盡腦汁……

其實，我們每個人都知道一個道理，那就是「工作永遠也忙不完」。當我們完成了一項任務，還有第二項、第三項……任務，事情永遠是沒完沒了的。況且，我們的工作實績與工作時間未必會成正比，延長工作時間也未必會達到事半功倍的效果。正所謂「文武之道，一張一弛」，只有會休息的人才會工作，只有掌握好的方法才能提高自己的工作效率。如果你想在工作上取得更突出的成就，不一定非得讓自己加班加點、忙死忙活的，以下幾種方法可以幫助你在短短的時間內，將工作做到最好。

(1)無論手頭的工作怎樣複雜艱鉅，盡量讓自己保持平和的心態，安靜下來，將自己需要完成的事情記錄在案。

(2)將每天需要完成的工作按優先順序排序，並且一切按照計畫進行。

(3)必須克服自己的「優柔寡斷」。因為任何一項工作，付出實際行動總比猶豫不決有成效。

(4)先完成那些比較艱鉅的工作，這樣能夠幫助我們減輕工作和心理上的壓力，從而更好地激發自己的潛能。

(5)為了使自己的工作更有條理性，方便自己「下手」，我們可以將整個工作分成幾個獨立的部分，然後將每個部分分解成幾個容易解決的步驟，這樣原來複雜的工作也變得簡單易行了。

(6)給自己的工作訂一個期限，不管遇到什麼情況，都不能減緩工作進度。

(7)不要只是埋頭工作，偶爾停下來反省一下，自己的方向是否正確，自己在哪些方面還需要進一步改進。

通過以上方法，我們可以在同樣的時間裡，高效快速而又優質地完成比別人更多的工作。不過，請你永遠不要忘了自己的初衷。在工作上，不管你多麼出色，也不管你是醫生、律師、會計、出納、司機，你所扮演的只是職務的角色。只有當你回到真實的生活裡，你所扮演的才是真實的自己。

人生的俯仰之間大有精彩之處，有的人總是一路匆忙，到頭來卻忘了要細細品味這路上的風景；而聰明的人懂得時走時停，慢慢地就體驗了神閒氣定的快意。所以，用「八分」的時間和精力去工作，留下「二分」去享受自己的生活吧！我們千萬不能因為只顧工作而失去生活，失去快樂，那樣是得不償失的。

甩掉沉重的包袱，選擇快樂相伴

每個人都離不開自己的工作，它不僅僅是一種謀生的手段，更是實現自身價值的最佳途徑。如果我們能將「八分」的熱情投入到工作中去，那麼就會收穫「十分」的快樂。這份快樂來自工作之外的娛樂、休閒，更來自於工作本身。如果我們將工作看成一個沉重的包袱，那麼在工作中就沒有什麼快樂可言了。

外國有一句諺語是這樣說的：「愚人向遠方尋找快樂，智者則在身旁培養快樂。」不可否認，工作在我們的生活中所占的比例是很大的，所以我們應該在工作中甩掉沉重的心理包袱，選擇與快樂相伴。雖然說忙碌是順應現實社會的需求，但是一味地忙碌、不知所謂的忙碌，很可能讓我們在忙碌中失去快樂的真諦。而我們所說的「八分滿」，就是讓我們為工作奮鬥的同時，懂得合理地休息，懂得如何在工作中尋找快樂。

大學畢業那年，被稱作「金領搖籃」的五大會計師事務所招聘會在校園輪番舉行，當時身為學生會主席的莫文招集一大群同學前去應聘。不過，因為懼怕像某些企業那樣「把女人當男人用，把男人當牲口用」的企業文化，最終真正去工作的只有莫文一人，其他同學基本上都去了公家機關或民營企業。

幾年之後的一次同學聚會上，大家見到莫文，聊天中發現他並沒有傳說中的那麼勞累，還有時間約大家出來見見面、聚一聚，同學們都很詫異。有人便問他：「你可是『十大健康透支最嚴重的行業』中的一員啊，怎麼會這麼悠閒？」莫文回答道：「這也是經驗使然啊。」原來，在剛進會計師事務所的時候，莫文也是那種力爭上游、唯恐拖小組後腿的人，他從不拒絕加班，堅信「輕傷堅持不下火線」，好讓自己盡快地在行業中站穩腳跟。

但是沒過多久，他在一份報紙上看到「某公司女員工猝死」的報導，從此就改變了自己的想法。他不再一味地堅持不落人後的想法了，也不再視高級經理那個位置為奮鬥目標了，他下決心要放下工作的包袱，在工作中追求人生的快樂。從此以後，他除了埋頭工作，有時間就呼朋喚友，出來喝個小酒，一年休兩三次假，攜妻帶子遊山玩水……

這樣的生活方式讓莫文的身心完全放鬆下來，不僅工作效率提高了，而且還感受到了工作的快樂。

人就是矛盾的綜合體，就算我們不喜歡自己的工作，可是為了生存也不得不整天工作。有的人常常鬱鬱寡歡，報怨自己的工作太乏味；也有的人天天心情舒暢，把工作當成一種享受。其實，工作帶給你的是折磨還是快樂，完全取決於你的工作態度。正如安德魯・卡內基所言：「如果一個人不能在他的工作中找出點『羅曼蒂克』來，這不能怪罪於工作本身，而只能歸咎於做這項工作的人。」

亞當斯來自英國東部一個十分偏僻的小村莊，由於自己的學歷較低，所以他只能在一家工廠裡做旋車工。這是一份枯燥而乏味的工作，亞當斯每天要做的，就是不斷重複地旋螺絲釘。有時候，看著那一大堆等待他去旋的螺絲釘，亞當斯莫名地煩躁起來，甚至滿腹牢騷。他想，自己做什麼不好，為什麼偏偏來旋螺絲釘呢？他想過找老闆調換工作，甚至想過辭職，但都行不通，最後只能冥思苦想，希望找到一個積極有效的方法，讓單調乏味的工作變得輕鬆有趣起來。於是，他想到與同事們進行比賽，比一比誰旋的螺絲釘又多又快。同事們舉雙手同意這個頗有創意的點子。而事實也證明，亞當斯的確找到了一個能夠讓工作變得快樂的方法。他們工作起來再也不像以前那樣乏味了，而且效率也大為提高。不久之後，亞當斯就被提拔到新的工作崗位。經過十幾年的努力奮鬥，亞當斯最終成為一家火車製造廠的廠長。他的成功與當初「頗有創意的點子」有著必然的聯繫，試想一下，如果工作一直那樣枯燥乏味，沒有快樂可言，亞當斯又怎麼能夠堅持下來呢？

在人的一生中，有大部分的時間是在工作中度過的，如果我們不能夠甩掉沉重的包袱，在工作中尋找快樂，那麼人生就會失去很多。有人說過：「想從工作中獲得更多的快樂，那麼就把工作當成一種創造性的活動，一種有趣的競技比賽，一種高雅的藝術創作……然後全身心地投入吧！」這樣說起來好像挺簡單，不過要把它運用到實際工作中，卻十分不易。事實上，想要把工作視為一種享受和快樂的事情，有一種簡單易行的方法，就是要快樂地工作，你可以嘗試著從以下幾個方面入手：

1發掘內心快樂工作的源泉

如果你想在工作中保持愉快的心情，那麼最好不要將家裡的煩惱帶到工作中去。並且，你應該把工作與休息的關係處理好，該工作的時候認真工作，該玩樂的時候就不要再想著工作。只有在充足的休息之後，你才能更有精力去應對自己的工作。慢慢養成這種習慣，自然而然心情就會舒暢，心裡也會充滿快樂了。

2把工作當成學習的過程

事實上，無論我們從事什麼工作，都會學到很多為人處世方面的經驗。為什麼不把工作當成自己學習的過程呢？即使是做自己並不喜歡的工作，也能夠學會與職場上一些難相處的人週旋。在工作中不斷學習、不斷提高自己，才能為日後的成功打下良好的基礎。當你抱著這種積極的心態來面對工作時，你會發現工作效率提高了，自己也快樂了很多。

3 學會分享自己的快樂

相信很多人都明白「快樂是會傳染的」。在工作中，無論是工作環境，還是周圍的同事，都會對我們的心情產生直接的影響。枯燥乏味的工作環境、不如人意的同事關係，都很容易讓我們產生失望氣餒的情緒。因此，我們在創造快樂的同時，也要學會與別人一起分享快樂，這樣才可以做一個永遠快樂之人。

總之，我們應該放下沉重的包袱，在工作中保持快樂的心情。每天用「八分」的熱情去努力工作，剩下的「二分」用來休閒娛樂。只有這樣，才能在工作中尋找到快樂，才能在工作中保持長久的熱情和蓬勃的創造力。

請記得，給你的目標打個八折

在工作中，我們常常遇到這樣的情況：原本有很多事情等著我們去做，我們也相信自己可以很快地做完，可是當我們真正著手去做的時候，卻因為要做的事情太多而手忙腳亂、顧此失彼，到最後什麼事情都沒有做好。

當我們想做的事情太多，以至於手忙腳亂的時候，還不如給自己的目標打個「八折」。因為我們在認真地選擇做事情的時候，往往會做很多的準備，從而完成我們預先所要達到的目標。如果我們給自己設定了多個目標，那麼就會使我們的精力分散，付出再大的努力也是「付之東流」。所以，當我們面對多個目標時，一定要有所側重，切忌貪多，這樣才能確保我們將最大的精力，投入到最重要的目標上去。

村子裡住著兩位乞丐，為了讓自己能夠乞討到更多的錢，他們相約來到一位鄉間謀士家裡。兩位乞丐見到那位鄉間謀士，便向他求教。鄉間謀士思索了一會兒，然後拿出兩塊牌子，提筆在這兩塊牌子上分別寫上「多多益善」和「只收一元」。兩位乞丐抓了抓自己的腦袋，不明白他的用意。

鄉間謀士很滿意地看著那兩塊牌子，意味深長地對兩位乞丐說：「你們自己挑吧，不過挑完後必須按照我說的去做。拿到『多多益善』這塊牌子的人，在別人給了自己錢之後，要對別人說，多給點，多給點吧；而拿到『只收一元』這塊牌子的人，不能多收別人一分錢，如果別人給你十元，你也要退還九元給別人。我們以一年的時間為限，一年之後，你們兩個一定要再回到這裡來，看誰討的錢多些。」

他的話音剛落，兩位乞丐就爭搶起來，其中一位乞丐的個頭更高大一些，他一把就將另一位瘦弱的乞丐推倒在地上，拿起那塊寫著「多多益善」的牌子就跑了，一邊跑，一邊還在嘴裡哼著「這回可要發財了」；而另一位瘦弱的乞丐，只好拿起寫著「只收一元」的牌子，垂頭喪氣地走了。

時間過了一年，兩位乞丐如約地來到鄉間謀士的家裡。那位個頭高大的乞丐還是一年前的窮酸模樣，由於他乞討的時候總是貪得無厭，還被別人打得鼻青臉腫；而那位瘦弱的乞丐，不但衣著光鮮，而且是開著一輛小轎車過來的。個頭高大的乞丐手裡還拿著那塊「多多益善」的牌子，可是牌子的邊緣已經十分破爛。我們不難想像，他在討不到錢的時候，肯定會不時地拿牌子出氣，並且在背後說幾句鄉間謀士的壞話。身體瘦弱的乞丐手裡拿著「只收一元」的牌子，不過這塊牌子已經鑲上了金邊，他打算將它收藏起來，作為自己的傳家之寶。經過一年的時間，那位個頭高大的乞丐還是一個乞丐，可是那位身體瘦弱的乞丐，卻已經成為一家連鎖店的老闆——原來，他在幾個月的時間裡就討到許多錢，然後他拿著這些錢去做生意，生意越做越大，事業也越來越好。

看到那位身體瘦弱的乞丐如今有了這番成就，個頭高大的乞丐後悔不已，鄉間謀士安慰他說：「你知道自己為什麼沒有他討的錢多嗎？因為四個字——貪多必失。」

有句話叫「貪多必失、務廣而荒」，很多人可能會嘲笑那位個頭高大的乞丐，太貪心了，簡直就是無知的表現！可是在現實生活中，像他這樣貪婪無知的人並不在少數。我們身邊有多少人在上大學之前，曾經下決心要完成兩系以上的專業，但到最後連拿到畢業證書都勉勉強強；我們有多少人曾給自己制訂過一年計畫、半年計畫，在計畫上列出密密麻麻的事項，當時間已過，我們卻發現計畫書上的事項我們一個也沒完成。

著名作家愛默森曾經說過：「生活中有一件明智的事，就是精神集中；有一件壞事，就是精力渙散。」的確，如果我們的想法總是太多，或者給自己制訂了太多的目標，必然會無法集中精力，從而使自己精力渙散；而且一個人如果想法太多，常常會因為自己的目標太過龐雜，最終陷入虛無的空想。試想一下，如果我們不能夠專心致志地去做一件事，不能把自己的精力集中到某一個具體目標上，那麼我們依靠什麼來獲得成功呢？——現實生活中，很多人的事業失敗也是因為如此。

有目標固然是一件好事，可是我們在設定目標的時候總是「貪大求全」，最後可能導致的結果是每個目標的進度都不甚理想。所以，我們應該懂得運用「八分」哲學，給自己的目標打個八折。同時，還要仔細分析自身的優缺點、強弱項，對我們所有的目標列出優先次序，在精力有限的情況下，集中資源推進一個首要目標。如果盲目地貪多，最後連那些能夠做到的目標也荒廢了。

天黑之前，商場經理檢查新來的售貨員萊斯利一天的業務情況。

「今天你向多少名顧客提供了服務？」這位經理問萊斯利。

「先生，只有一名顧客。」萊斯利答道。

「僅僅一名顧客？」經理有點生氣了，繼續問道，「那你賣了多少錢？」

萊斯利很平靜地回答：「五萬八千美元。」

經理大吃一驚，有點懷疑自己的耳朵是不是聽錯了，他問萊斯利：「請你解釋一下，僅僅一位顧客，怎麼賣了那麼多錢？」

「首先我賣給那個男人一隻釣魚鉤，」萊斯利說，「接著賣給他一根釣竿和一隻捲軸。然後我問他打算到什麼地方釣魚，他說去海裡。所以我建議他應該擁有一條船——他就買了一艘二十英尺長的小型汽艇。運走時，我帶他到咱們商場的汽車銷售部，賣給他一輛微型貨車。」

經理驚愕不已地問道：「你真的賣了那麼多東西給一個僅僅來買一隻魚鉤的顧客？」

「不是的！先生。」萊斯利回答說，「他本來是到旁邊的櫃檯，為他患偏頭疼的夫人買一瓶阿司匹林。我對他說：『先生，你的夫人身體欠佳，週末如果有空，你不妨帶著她去釣魚，那真是太有意思了！』事情就是這樣的。」

生活中，有的人每天做很多事情，可是沒一件事情做得出類拔萃；有的人一生做很多事情，卻沒有一件足以讓他功成名就。這是為什麼呢？哈佛大學的教授們常常教導學生說：「做事多少是一回事，做事的品質和成效又是另一回事。如果我們十件事都做不好，那麼就把精力集中到一個目標上，專心做一件事情吧！」

一個人成功的關鍵不在於目標的多寡，而在於如何有效地集中精力，紮實地進步。所以在努力的道路上，我們不妨先給自己要做的事情打個「八折」，減少一些看似不太緊要的事情，先去完成那些眼前重要的事情，這樣才不至於貪圖過多，分散了自己的精力。

職場如同戰場：明槍要躲，暗箭需防

沈明岩是一所國立大學的應屆畢業生。憑藉過硬的電腦技術，他在一家電腦公司找到一份滿意的工作。不過由於社會經驗不足，也不懂得什麼人情世故，所以在剛進這家公司的時候，同事們都表現得冷冰冰的，不願意和沈明岩搭訕、交流。

受到「冷遇」的沈明岩，覺得自己的工作生涯並不順利，雖然上司經常誇他能幹，可是和同事間的關係一直沒有什麼進展。就在他灰心絕望的時候，同事劉志強向他伸出了友誼之手。

劉志強在工作上十分照顧沈明岩，漸漸地，兩個人便成了無話不談的好朋友。劉志強看上去是一個很直率的人，他總是毫無顧忌地在沈明岩面前發牢騷，說公司這不好那不好，說上司這也不是那也不是……時間一長，沈明岩受到劉志強的感染，也開始看這不順眼，看那不順眼。

有一次公司舉辦酒會，沈明岩因為喝多了，也因為事先受到劉志強的慫恿，竟然和部門主管交上了火。雖然只是為了一點小事，但沈明岩還是沒能控制住自己的情緒，對主管大吼了幾句。這讓主管和沈明岩的關係日趨惡化。

沈明岩並沒有為自己的衝動行為感到後悔，相反，他覺得這樣替自己還有劉志強出了口惡氣，心裡還挺痛快的。可是不久之後，公司外派一個技術人員出國進修的名單下來了，名單上寫的卻是劉志強的名字。這個名額本來應該是自己的啊？沈明岩這才恍然大悟，原本自己被暗箭所傷了！

我們知道，迫於競爭的壓力，如今的職場就像是沒有硝煙的戰場，很多人在裡面絞盡腦汁、費盡心思，既要迎合上司的意圖，又要處好同事關係，真是三十六計，計計層出不窮。如果不懂得運用「八分」哲學，就像上面案例中的沈明岩一樣，對同事推心置腹，「十分」相待，最後換來的卻是自身利益的損害。正所謂「明槍易躲，暗箭難防」，那麼，對於那些初入職場的人來說，應該如何防備明槍暗箭呢？主要有以下幾點：

1不可和同事隨便交心

《孫子兵法‧國形篇》中有這樣一句話：「善守者，藏於九地之下。」意思是說，善於防守的人，就像隱藏在地表之下一樣深不可測，讓敵人無跡可尋。身在職場，我們要時刻注意自己的言行，以免自己成為眾人攻擊的對象。

辦公室就是一個小型社會的縮影，我們不能保證身邊的每位同事都是正人君子。所以在複雜的環境下，我們應該管住自己的嘴巴，要注意說話的內容、分寸、方式和對象，凡事只說「八分」話，這樣才能避免招惹是非，授人以柄，甚至禍從口出。

我們所說的同事，就是和我們一起工作、勞動的人，我們不可能嚴苛地要求他們像親人朋友那樣包容和體諒自己，更不可能像對待知己那樣與他們交心。同事之間最好的關係應該是平等的、禮貌的。在日常工作中，我們說話應該有所保留，行事多些謹慎，這樣才能避開一些事端，讓自己處於可攻可守的安全位置，只要能夠掌握主動權，那麼自己也就立於不敗之地了。而且一個人如果整天喋喋不休，毫無城府可言，會讓人覺得這是一個淺薄俗氣，甚至缺乏涵養的人，自然不會受到大家的歡迎。我們常說「平生最愛魚無舌，遊遍江湖少是非」；西方有句諺語也說得很好：「上帝之所以給人一個嘴巴、兩隻耳朵，就是要人多聽少說。」其實這兩句話都在提醒我們，凡事謙謹才能少生事端。

2 要懂得隱藏自己的實力

身在職場，不管我們平時表現得如何親切謙卑，總會有一些人視你為升遷的障礙，或者無端地成為別人的攻擊目標。有一句古話：「不招人妒是庸才」，但是在職場中，「招人妒」才是真正的庸才。同事之間，如果能和平相處，自是最好不過；但如果「妒意」不可避免，便要小心應付，尤其對手是公司的元老時更要留意，因為他的工作能力或許不及你，但對公司的瞭解，對人事之間的微妙關係，則往往勝出你許多。在這時，最重要的是隱藏自己的實力，不要讓他知道太多有關你的資料，包括你的背景、學歷、進修情況、與各部門主管的關係及手上的工作進度等。讓你的對手知道得越少，他就越不敢大膽地進攻。

3不替別人揹黑鍋

在公司裡，同事之間為了各自的利益，往往會互相猜忌，爾虞我詐，有時候甚至遭到同事的惡意陷害，讓自己揹上黑鍋。其實，不讓自己揹黑鍋的方法很簡單，那就是凡事不冒險、不馬虎，任何事情都講究白紙黑字，就算是做錯了，也有充分的理由解釋。

4有時候，「裝傻」也是一種智慧

在職場上，我們不應該把自己當成最聰明的人，相反，我們應該學會「裝傻」，在該聰明的時候才表現出自己的聰明才智。金庸曾經說過：「他年邁耳背後，該聽見的話就能聽見，不該聽見的話就聽不見。」如果有人要求你表明自己的立場，要你選擇事情的方向，這時無論你做出怎樣的選擇，到最後可能都是錯誤的，還不如學會「裝傻」，因為在通常情況下，最不會犯錯的方法就是沒有選擇。當然，不要覺得自己「裝傻」的樣子很拙劣，就算大家都知道你其實並不是真傻，可是也拿你沒有辦法。如果真有什麼事情發生，恐怕那些最先表明態度的人，可能比你更容易遭到別人的攻擊，這樣你就相對安全了。

5不要在同事面前說老闆的壞話

無論在什麼場合，無論面對什麼樣的人，我們都應該注意自己的一言一行。哪怕是值得信賴的同事，當自身利益受到侵害的時候，都可能變成自己的「敵人」。所以，想要在職場中謀求生存與發展，最好不要在同事面前說老闆的壞話，因為這樣只會把把柄留給別人，為自己埋下「安全隱患」。就算是和你肝膽相照的同事，他可能不會做出賣你的事情，可是我們也要謹防「隔牆有耳」。這些都是職場生存必須知曉的道理。

與你的上司保持「八分」距離

我們之所以能夠從世間萬物中感受到和諧之美，全在於兩者之間保持著適當的距離。可是在職場中，有的人卻認為，與上司的關係越近越好。事實上，這種「十分」近的距離是很危險的，就像走鋼絲一樣，隨時都可能掉下去，摔得粉身碎骨。

古代有一句話叫「伴君如伴虎」，如今時代不同了，現在的老闆要比古代的皇帝開明得多。可是如果我們與上司走得太近的話，可能會招來同事們的嫉妒，也可能使其他上司認定你是某一上司的親信，從而處處不討好。基於以上這些原因，因此提倡：不要和你的上司太近，而應該保持「八分」距離。

1不做上司的戀人

我們不能斷然否定員工與上司之間存在戀情的合理性，只是從某些方面來說，與上司建立戀愛關係，其實對雙方都沒有什麼好處。特別是其中一方已經有合法的婚姻，那麼這種超出工作以外的戀人關係，簡直就像是在玩火。

夏雪的頂頭上司是一位三十七歲的中年男人，已經結婚了，並且有一個九歲的兒子。夏雪今年二十五歲，還沒有男朋友，人也長得很漂亮。上司很喜歡夏雪，但是夏雪拒絕與他交往。盡管如此，上司仍堅持對夏雪好。如給夏雪提出買房買車的建議，幫夏雪找駕訓班練車，在夏雪生日的時候送她小禮物等。夏雪覺得，中年男人搞外遇的事情已經見怪不怪了，自己也不想成為讓人痛恨的第三者。所以夏雪三番二次地告訴上司：「我們以後不要再單獨見面，不要再單獨聯繫，你也不要再對我好。」他每次都答應得挺快，但還是對夏雪一如既往。直到有一天，上司的老婆來到公司，揪住夏雪的衣領一番痛打。夏雪從小沒受過這樣的委屈，心想：自己並沒有和上司發生肉體上的關係，也沒有接受上司的「好意」和他成為戀人關係，為什麼會有各種流言蜚語，如今又受到這樣的「待遇」呢？俗話說：「常在河邊走，哪能不濕鞋。」夏雪只能自認倒楣，第二天便辭職離開了公司。

很多時候，與自己的上司談戀愛，最終可能導致你在這家公司的職業生活走到盡頭，或者因為這種關係，讓你的上司處於無盡的麻煩中。因為當你們的關係被上級的管理部門發現，並且由此給工作造成了許多不良影響，那麼你的上司可能會被冠以失職之名，甚至和你一樣前途末路。因此在職場中，最好與你的上司保持「八分」距離，因為男女之間的戀愛關係，並不能取代最好的工作關係。

2不做上司的密友

有時候為了工作需要，你必然會和上司保持工作上的溝通，資訊上的溝通，一定感情上的溝通。你可以去瞭解上司在工作中的性格、作風和習慣，但是你不能脫離與上司的正常關係，不能過多地介入上司的私生活。尤其不要窺視上司的個人隱私和事業上的「秘密」，這對你沒有任何好處。

小琪大學畢業後，已經做了五年的行政秘書，什麼樣的上司都見過。如今能遇到這樣一位和藹可親的美國上司，她還是打心眼裡高興的。

這位美國上司從公司總部調來已經快半年了，隨行的還有他的太太和一個四歲大的女兒。三個月前，小琪突然對上司的某些方面產生了疑心。原來，每週的固定幾天，上司都會讓小琪幫他訂餐館，說是去見客戶。那時正是他們公司的銷售淡季，小琪覺得上司工作那麼賣力，心裡很是佩服。可是後來小琪發現，上司去見的並不是他們公司的客戶，而是一個叫M的男人。小琪覺得，下班後上司和誰見面，那是他的私事。雖然心裡很好奇，也不好多問。

然而，就在上週五，小琪拿著一份緊急文件去找上司簽字，剛走到門口就聽見上司好像和誰在爭吵。在好奇心的驅使下，小琪「恰巧」站在上司門口的大盆栽後，她聽得不是很清楚，只聽到了「Jesus」「love」「partner」這些詞。還沒等她回過神來，一個金髮碧眼的帥哥就氣沖沖的從上司的房間裡出來了。小琪還沒來得及躲，就被追出門的上司撞見了。

上司看見神情慌張的小琪，又返回了辦公室，什麼都沒問就簽了小琪遞過去的文件，然後意味深長地看了她一眼。那一眼看得小琪好冷，「上司居然是同性戀！Oh, my god!」雖然小琪努力地克制，但當她看見上司的時候，還是會同時想到那個M和他的太太。這讓小琪和上司原本親密的關係蒙上了一層陰影。

現在，小琪每天都過得提心吊膽的。她擔心上司會因為她發現了他的秘密而疏遠她，甚至開除她。也不知道上司去找她談這件事的時候，她應該怎麼說。

和上司可以建立友誼，但是必須把握「八分」的距離。假如友誼過了頭，知道了太多關於上司的秘密，則會讓自己失去安全保障。太過親密的關係，可能會讓你平等地看待自己的上司，而這對於一般的職場上下級關係而言，則是扭曲的、不正常的。我們的心中其實很清楚，與上司的關係越密切，上司對你的要求也就越高，總會有一天，你將無法滿足上司的胃口，從此你便失去存在的價值。而且與上司過度親密，可能會得到「寵兒」或「密友」的名聲。這樣一來，同事們只會更加討厭你，更加不信任你，甚至會想方設法地拆你的台，讓你苦不堪言。

3不做上司的保姆

有的人為了和上司搞好私人關係，總是處處討好上司，給予上司各種「方便」。也許他自己覺得這是善於鑽營，是謀求發展的必要手段。可是在別人眼中，他更像是上司的保姆、傭人，甚至是跟班。

艾偉進這家公司快三個月了，可是由於在工作上不溫不火，沒有做出什麼實績出來。所以一直沒有得到升職的機會。為了討好自己的上司，拉近彼此間的距離，艾偉想到了一個「好辦法」。

最近幾天，他總是不斷出入於上司的辦公室，為上司端茶倒水、清理辦公桌等。由於艾偉的「良好表現」，上司漸漸地對他產生了好感，不僅說話比以前客氣了，還帶著他去參加了一次酒會。

艾偉覺得這是上司看重自己，可是身邊的同事都知道，上司帶他去參加酒會，不過是為了圖自己方便而已。艾偉一直滿懷希望地等待著某一天上司突然對他說：「你是個好人，你是否願做一名管理者？」可是，這一天始終沒有到來。

現在，艾偉在同事心目中的形象也沒有了，好多同事都在背後叫他「小保姆」或者「小跟班」。

討好上司要講究「八分」哲學，如果你總是太過熱情，甚至在上司的心中，你的形象不知不覺地被定格為「保姆」。那麼你可能永遠只配做下屬，只能做一些無關緊要的事情。因為你的這些「小伎倆」，是永遠無法打動上司的心的。

總之，在風雲變幻的職場生涯中，你應該懂得與上司保持「八分」距離。在你和上司的關係中，有一些禁忌是千萬不可觸犯的。即便是上司向你伸出「橄欖枝」，也不要因此而忘乎所以。如果要做的話，那麼你可以嘗試做上司事業上的朋友。當然，如果你能因此獲得上司私人朋友的地位，那將是最完美的。

把上司的「折磨」化為成長的營養

如果生命是一隻美麗的蝴蝶，那麼必然會經過一次次的蛻變，才會有今天的光彩絢麗。同樣的道理，如果職場是我們展現自我的舞臺，那麼必然要經受老闆、上司的折磨或打擊，才能讓我們的工作能力更加出色。與其總是抱怨老闆給的任務太多，讓自己忙得焦頭爛額；或者覺得老闆太苛刻，對自己的工作雞蛋裡挑骨頭；還不如把上司的「折磨」變成我們成長的營養。正是由於上司的這種嚴厲和苛刻，才促使我們不斷克服自身的侷限，不斷擁有進步的空間。

楊志剛才進入公司三個月，就從公司塑膠生產部的生產班長，提升到生產部門主管。這也難怪，在這三個月裡，楊志剛的業績十分突出，績效考核成績也很優秀，像他這樣的員工自然會得到公司的認可。職位提升了，楊志剛滿心歡喜，同事也是羨慕又嫉妒，可是新工作才開始沒有幾天，楊志剛便愁眉苦臉地找到以前的同學訴苦了。

原來，楊志剛在做生產班長的時候，工作都是交給主管審核，主管總是讓他自己做主，給了他很大的自我發揮空間，而現在自己當上部門主管了，直屬上司卻總對工作審查得非常細緻，非常挑剔，總會對他的工作提出這樣那樣的意見，並要求他重新修改多遍。這樣的情況多了，楊志剛就覺得上司總是在不斷地挑自己的毛病，於是開始漸漸地對他不滿起來。

同學聽完楊志剛的抱怨，思索了一會兒說：「你的上司對你要求嚴格本身也沒有錯啊！而且你仔細想想，因為他苛刻的要求，你現在的工作效率和工作品質是不是有所提高呢？」

楊志剛這才冷靜下來，仔細回頭想了想，確實如同學所說的那樣。因為這段時間以來，上司近乎「雞蛋裡挑骨頭」的苛刻，讓楊志剛對工作是越來越熟悉了，不僅以前簡單的工作更加得心應手，而且一些以前自己做不來的工作，也開始慢慢地掌握了，並且還學會了很多和工作相關的其他領域的知識。楊志剛想，就算現在辭職也不怕找不到更好的工作了。這樣說來，自己還真得感謝上司呢！

身在職場，我們對待任何事物都應該有「八分」心態，對上司也不應該一味地埋怨。很多時候，上司對我們的嚴格要求，不管是不是出於工作需要，都會在客觀上提高我們的工作能力，這是不可否認的。如果你實在忍受不了上司的「折磨」，那麼你可以想像一下，如果自己的上司是一個十分寬容，並且很受大家歡迎的人。當然，如果有這樣一位上司，那麼工作也會變成一件輕鬆愜意的事情，因為你從來不會挨罵，也沒什麼壓力，薪水得來真是容易。可是長此以往，你就會失去競爭的鋒芒，失去拼搏的勇氣，失去敏銳的應變力，失去提升能力的機會。如果哪天你離開這樣的上司，也就意味著你失去了生存的資本。

因此，在任何時候，任何情況下，我們都不應該一味地埋怨自己的上司，而應該用「八分」哲學去審視嚴格要求的背後——正是因為上司的苛刻要求，我們的精力才出奇的旺盛，甚至激發了我們的潛能，促使我們完成那些自以為做不到的事情。正是上司給予你的這種無形的壓力，才刺激你在工作中表現得更加出色。

我們知道，璞玉都是經過千萬次雕琢而成的，精鋼也是經過千百次錘煉而成的。當上司費勁地挑剔你、苛責你的時候，你覺得是一味地抱怨好呢，還是自我反省、自我提升好？在很多時候，也許真的是我們做得不夠好。

1你的衣著得體嗎

假如你每天進入辦公室的時候，都是一副衣冠不整、頭髮淩亂的模樣，或者總是打扮怪異、一身奇裝異服地上班，那麼不管是誰看見了都不會感到舒服。當然，如果你總是一身名牌、珠光寶氣，甚至讓你的上司看起來很「寒酸」，那麼也犯了「喧賓奪主」的禁忌。

2你每天準時上班嗎

你應該明白一點：上班早去幾分鐘，會給上司留下極好的印象。如果你經常上班或開會遲到，而且每次都不能按正常的進度完成工作，那麼你經常遲到的壞習慣，就會讓同事與上司十分不滿，別人只會認為你是一個自由散漫、沒有責任心的人。因此，為了不讓自己每天上班遲到，你應該把路途所需的時間多算一些，至少要留下十分鐘的緩衝時間。如果不喜歡「等待」的話，可以隨身攜帶一本雜誌或者小說，這樣利用好每一分每一秒的時間。

3你的注意力是否集中

就算你有一大堆工作需要完成，也不要在上司面前表現得手忙腳亂。因為這樣只會讓上司覺得你缺乏判斷問題輕重的能力，從而懷疑你的辦事能力。想要改善這種狀況，你就應該將事情的輕重緩急分清楚，每天先將重要的工作處理好，然後再考慮其他的事務。重點是要集中精神，在上司面前將所有的事情都處理得井井有條。

4你的文件裡經常出現錯別字嗎

請記住：「魔鬼藏在細節中！」你已經過了求學階段，如果上司在查閱你的備忘錄、商業信函、留言或履歷表的時候，仍然發現有許多錯別字存在，那麼他就會認為你是一個不夠細心、不能委以重任的人。千萬不要試圖用蹩腳的藉口，向上司解釋說「是自己沒有仔細校對清楚」，而應該在下次編製文件時更細心地閱讀多遍。如果沒有把握，還可以請同事幫忙再看一次。

5你會勇於承擔自己的責任嗎

假如上司對你進行正當的批評、教育，千萬不要找出各種各樣的理由來辯駁，更不要把責任推卸到同事頭上。這些表現只會讓上司覺得你的心胸狹窄，不喜歡接受他人的建議或者批評，同時也是一個沒有責任感的人。這樣可能會使你與上司的溝通更加困難，甚至引起雙方的強烈衝突。為了不讓這種事情發生，你應該勇於承擔自己的責任，並且虛心聽取上司的批評與建議，至少應該向上司表明，你有自己的責任心。

6你會在工作中表現出「孩子氣」嗎

在工作中，不要總像孩子一般依賴別人，缺乏獨立工作的能力。如果上司徵詢你的意見，那麼你就應該堅定自己的立場，並且說出自己的見解。千萬不要表現得支支吾吾，或者乾脆不理不睬。這種「孩子氣」的表現，只會讓你的上司看到你的不成熟。為此，你應該嘗試著培養獨立思考的習慣，不要害怕犯錯，要大膽地表達自己的見解。

7你是否患有「偶然失憶症」

為了工作的需要，上司有時可能會忽然問你一些人的名字、電話、一項工作的期限等，假如你在這時候總是目瞪口呆，無法回答，然後又去猛翻記錄，可想而知，在上司眼裡，你的可信度又會大打折扣了。上司甚至可能會因此懷疑你在工作上是否用心思、做事是否有條理。所以，為了將你的「偶然失憶症」完全治癒，請在別人做自我介紹的時候仔細地聆聽，要養成寫工作日程表的良好習慣。另外，將一些經常會用到的電話號碼記錄在十分醒目的地方，以此來提醒自己，加深印象。

8你總是做事拖拉嗎

每一位上司都很難對做事拖拉的員工產生什麼好感，雖然你的能力足夠勝任手頭上的工作，可是由於你的進度遲緩，同樣會使上司懷疑你的工作能力。所以，我們應該學會將一項重大的工作化整為零，並且在規定的時間內完成每一小部分的任務。

筆記

筆記

國家圖書館出版品預行編目資料

幸福不是百分百：八分滿的幸福學／何大平編著. -- 初版. -- 新北市：菁品文化, 2016. 09
面；　公分. --（創智系列；111）

ISBN 978-986-93361-6-1（平裝）

1.人生哲學　2.生活指導

191.9　　105015934

創智系列 111
幸福不是百分百：八分滿的幸福學

編　　著　何大平
發 行 人　李木連
執行企劃　林建成
封面設計　上承工作室
設計編排　菩薩蠻電腦科技有限公司
印　　刷　普林特斯資訊股份有限公司
出 版 者　菁品文化事業有限公司
地址／23556 新北市中和區立德街 211 號 2 樓
電話／02-22235029　傳真／02-22234544
E-mail：jingpinbook@yahoo.com.tw
郵政劃撥　19957041　戶名：菁品文化事業有限公司
總 經 銷　創智文化有限公司
地址／23674 新北市土城區忠承路 89 號 6 樓（永寧科技園區）
電話／02-22683489　傳真／02-22696560
網　　址　博訊書網：http://www.booknews.com.tw
版　　次　2016年 9 月初版
定　　價　新台幣250元　（缺頁或破損的書，請寄回更換）

I S B N　978-986-93361-6-1

本書CVS通路由美璟文化有限公司提供
原書名：八分滿的幸福學